教育部人文社会科学研究青年基金项目资助
（批准号：16YJC820051）

企业并购与工作权保障

Right to Work Protection under M&A

张颖慧◎著

知识产权出版社
全国百佳图书出版单位

图书在版编目（CIP）数据

企业并购与工作权保障/张颖慧著．—北京：知识产权出版社，2017.11
ISBN 978－7－5130－5221－4

Ⅰ.①企… Ⅱ.①张… Ⅲ.①企业兼并—研究—中国②劳动权—保障—研究—中国 Ⅳ.①F279.21②D922.504

中国版本图书馆 CIP 数据核字（2017）第 263305 号

内容提要

本书运用多种研究方法，深度解析了欧盟、德国、英国、美国、日本等国家和地区在企业并购过程中对劳动者进行保护的理论观点、立法模式与实践做法，在此基础上对我国相关实体制度展开研究，就企业并购对劳动关系的影响、企业并购过程中如何保障劳动者的工作权、相关立法应如何调整等进行了详细论述。本书可供劳动法领域研究者、企业经营管理人员、人力资源师和普通劳动者学习和参考。

责任编辑：王祝兰　　**责任校对**：谷　洋
装帧设计：久品轩　　**责任出版**：刘译文

企业并购与工作权保障

张颖慧　著

出版发行：	知识产权出版社有限责任公司	**网　　址**：	http：//www.ipph.cn
社　　址：	北京市海淀区气象路50号院	**邮　　编**：	100081
责编电话：	010－82000860 转 8555	**责编邮箱**：	wzl@cnipr.com
发行电话：	010－82000860 转 8101/8102	**发行传真**：	010－82000893/82005070/82000270
印　　刷：	北京科信印刷有限公司	**经　　销**：	各大网上书店、新华书店及相关专业书店
开　　本：	880mm×1230mm　1/32	**印　　张**：	6.5
版　　次：	2017 年 11 月第 1 版	**印　　次**：	2017 年 11 月第 1 次印刷
字　　数：	170 千字	**定　　价**：	35.00 元

ISBN 978-7-5130-5221-4

目　录

第一章　绪　论

第一节　研究背景、问题与意义

一、研究背景与问题

随着经济全球化与国际化的来临，全球企业的发展战略皆转向全球市场，并代替了传统的相对固定不变的市场策略。中国企业在全球经济的浪潮中披荆斩棘，特别是在2001年，中国在历时10多年的艰苦谈判后加入世界贸易组织（WTO）。这一举动进一步推动了我国国民经济结构的调整与产业升级，中国市场经济进入了高速发展的阶段。在这日新月异的经济环境中，中国企业的发展不停地面对各种前所未有的机遇与挑战，经济危机与欧债危机下的发展低潮、外资的大举介入与对外贸易的快速增长，以及中国企业“走出去”战略的顺利实施，使中国企业不停地在世界市场上转换各种身份。与此同时，激烈的市场竞争使企业面对的压力日益增大，企业在不断发生变化的全球市场环境中，有时会因经营策略调整的不及时、经营不善导致企业发生生存危机，也会因长期发展战略的要求不得不调整企业存在的模式。这也进一步导致了企业组织变动数量的火爆式增长。面对如此激烈的竞争环境，企业遭遇经营困境在所难免。为了摆脱经营困境，避免损失的进一步扩大，同时也为了追求更大的利润，企业主不得不对企业的整体或部分进行重新规划，且重新规划的措施不外乎将企业与另一个企业主体合并以增强市场竞争力，或将企业各部分适度分离，以便对各部分制定针对性发展策略，避免“眉毛胡子一把抓”；抑或企业整体停止营业，将其资产变卖或转让给另一企业。当然，企业有时为尽快剥离不良部门，避免自身消亡，仅将亏损的部门出售，而并不采用整体转让的方式。总之，无论企业采取何种变更方式，合并、分立或转让，企业主体均发生了实质性变更。

随着企业主体变更事实行为的发生，劳动者与原企业之间的劳动关系也开始逐渐丧失了原本具有的稳定性，劳动关系的命运与走向，即劳动契约是否随企业组织变动而转移至新的雇主以及如何转移这一问题开始浮出水面。传统私法上，企业变动属涉及私有财产之变动，基于对私有财产的尊重，国家并未大力度对其干涉。也就是说，从“表面上看，公司组织的变动似乎只是由资本所有者和经营管理者的意志所决定的股权与经营权行使的一种体现。但公司不单是经营主体，同时也是雇佣主体，双重角色合一。公司组织的变动与处于劳动关系之弱势地位的劳动者的切身利益息息相关，常常会影响或障碍劳动者之劳动权的实现”。[1] 当此问题涉及劳动关系的走向，对劳动者的工作机会、劳动条件等产生巨大影响时，其影响层面之大必然波及社会的稳定与和谐。此问题理应得到立法者与学界的共同关注。例如，我国台湾地区有关人士指出：“站在企业经营弹性之角度的话，劳动契约的随同移转势必造成雇主经营弹性的僵固，在这个讲求‘弹性化’的时代，僵化的经营环境对雇主而言无疑是一个负面因素。”而从保护劳动者权利出发，企业的组织变动引起劳动关系

---

[1] 冯彦君．公司分立与劳动权保障：我国应确立劳动契约承继制度［J］．法学家，2005（5）：15.

变动，并直接影响劳动者的实体权利。若一味崇尚企业变动的行为自由，则企业在追求利润的诱惑下，极易以牺牲劳动者的利益为代价换取自身更为健康的发展，以保有市场竞争中的优势地位。因此，认清企业组织变动的本质，分析其对劳动者产生的实质性影响，并制定相应的保障制度，成为新时代的重要课题。在保障制度体系化建设中，均衡企业与劳动者双方利益，一方面建立对劳动者保护的实体制度，扭转劳动者所处的弱势地位；另一方面也需同时限制劳动者权利的放大性实施，保护企业的自主权与弹性化经营。也就是说，如何在市场的大环境中，让资本与企业在遵照市场规律自由性流动的同时对劳动者的权益进行保护，且对劳动者予以倾斜保护的同时也兼顾企业的长远发展及利益，此乃问题之所在。当然，在当今企业国际化的大趋势下，研究企业组织变动时如何对劳动者权益进行保护，制定与完善立足于国情的相关法律制度，深度解析欧盟、德国、美国、英国、日本及我国台湾地区的相关制度也成为一个重要的课题。

二、理论意义与实践意义

在当今社会结构发生巨大变革、经济形势日新月异的形势下，作为一个劳动者众多的国家，作为一个企业组织变动频繁且变动数量庞大的实行市场经济体制的国家，对企业组织变动这一现象背后，众多劳动者权益如何进行保护的研究具有极大的理论与现实意义。

在学理方面，对于企业组织变动如何保障劳动者工作权的研究，一般集中在劳动合同承继制度领域。事实上，企业组织变动近来发生的数量逐渐增多，劳动者工作权受侵犯的形式也呈现出了多样性。对劳动者工作权保障的研究无法脱离公司法等商法理论，将商法与劳动法相结合，寻求对劳动者工作权的保障将至关重要。此外，“劳动合同是一种公力干预的合同，虽不同于普通的民事合同，但这并非意味着要与传统私法上的合同原理一刀两断。反之，从私法上的合同原理中汲取营养，据以完善自身理论应为理性之选。”❶ 本书进行研究的理论意义还在于跳出劳动合同承继制度的束缚，转换视角对其制度进行重新审视，疏理目前理论研究中的各种学说与企业、企业组织变动、营业转让等概念界定的内涵与外延，引进劳动者异议权、商定留用权、劳动者拒绝留用权以及不当劳动行为禁止制度等，并在理论上论述其可行性与设立的理论基础。

在实践方面，劳动者在经济上依赖企业的存在导致其在企业组织变动过程中处于弱势、被动的位置，劳动法上相关制度的不断完善对扭转劳动者这一不利局面起着至关重要之作用。“劳动法是调整劳动关系的法律规范，具有特定的立法基础与立法理念，是一种针对不平等关系而采取不平等保护措施的法律机制。劳动法这一追求实质平等而容忍形式不平等的部门法特性和作用机理，决定了其制度设计应当是也必然是，倾斜保护劳动者而适度限制资本所有者。”❷ 企业面对市场竞争的优胜劣汰规则时，不得不对其资产等进行重新配置，而处于弱势地位的劳动者面对企业的自救行为，往往无力抗衡。只有对企业组织变动时如何对劳动者进行保护进行研究，完善劳动法的相关制度，与劳动者密切相关的问题才能得到妥善解决。如劳动合同如何承继、工作规则等发生不利益变更以及劳动者面临无理解雇等侵害劳动者基本权益的企业行为得以合法及合理限制，进一步体现法律“扶弱抑强”的价值与使命，保护劳动者的劳动权，特别体现了劳动权生存理

---

❶ 郑尚元．劳动合同法的制度与理念［M］．北京：中国政法大学出版社，2008：14.

❷ 冯彦君，张颖慧．“劳动关系”判定标准的反思与重构［J］．当代法学，2011（6）：93.

念与发展理念并行的多重性意蕴。[1] 此外，劳动者是企业的雇佣主体，是为企业创造利益不可忽视的群体，是与企业密切关联的利益相关者[2]，也是企业组织变动直接影响的群体，对企业变动中的劳动者保护问题进行研究，既可保障劳动者权益，也可避免企业承担过多义务，使劳动者成为企业发展的负担和障碍。也就是说，对劳动者实施保护也需避免过度保护的法律制度，有益于平衡企业主体与劳动者之间的利益关系，构建协调的劳资关系。所谓“协调意味着和谐、稳定、有秩序、不失衡、不冲突。从美学上看，协调是一种平衡的美；从伦理学上看，协调是公平的体现；从经济学角度看，协调蕴含着效率。总之，协调是人类追求的一种理想的社会状态。劳动协调既是劳动法追求的目标，也是劳动法调整的手段，劳动协调原则既是目的性原则，也是手段性原则。作为目的性原则要求，实现劳动权利义务的统一、劳动关系的契约化、劳动法主体利益的平衡、劳动法上各种力量有机组合等”。[3]

第二节　研究现状及述评

一、我国当前的立法现状

面对企业组织变动这一事实行为，学界给予了高度的重视和

---

[1] 冯彦君．劳动权的多重意蕴［J］．当代法学，2004（2）：41－44. 冯彦君教授将劳动权意蕴总结为理念的多重性——生存理念与发展理念并行；性质的多重性——社会权属性与自由权属性兼容；法益的多重性——物质利益与人身、人格利益统一。

[2] “利益相关者”是美国于1963年首次提出，却没有得到普遍认可的概念。衡量某一主体是否是企业的利益相关者关键在于企业对该主体是否存在长期确定的义务；之所以称劳动者为企业的相关者，是因为企业与劳动者之间存在长期确定的契约关系或者说企业与劳动者之间形成的契约关系能表明企业对该主体存在长期的法定或者道德上的义务关系。参见赵红．企业利益相关者之间的合作博弈与均衡［J］．财经理论与实践，2007，28（148）：74.

[3] 冯彦君．论劳动法的基本原则［J］．法制与社会发展，2000（1）：27－28.

研究，并普遍集中在经济与法律等层面。仅在法律的层面上，立法者对此制定了各种规范制度。如《中华人民共和国公司法》（以下简称《公司法》）以及相关法规与规章。这些法规与规章在立法上以提高企业变动效率为基本出发点，规范了变动的实体性权利义务及程序，试图简化企业组织变动的程序，并以分散经营性风险并淘汰不胜任之经营者、促进企业的再生性发展为目标。如中国证券监督管理委员会的《上市公司重大资产重组管理办法》、全国人大常委会发布的《中华人民共和国企业国有资产法》、中国银行业监督管理委员会的《商业银行并购贷款风险管理指引》❶ 等，这几项相关法律、法规和规章均使我国企业组织变动的法律制度得到完善，营造出有利于企业发展、兼顾市场公平与效率的法制环境。除此之外，因企业组织变动导致企业规模变化以及企业所占市场份额变动，特别是对市场竞争中整体影响力有所影响，竞争法也对此问题进行了一定程度的规制。如《中华人民共和国反垄断法》（以下简称《反垄断法》）的立法目标之一即为防止和预防因企业组织变动而产生的垄断行为，保护市场的公平竞争，提高经济运行效率，维护消费者利益和社会公共利益，促进社会主义市场经济健康发展。❷《反垄断法》的实施一方面鼓励经营者通过公平竞争、自愿联合，实施集中，扩大经营规模，提高市场竞争能力；❸ 另一方面也对涉嫌占有巨大市场份额且涉嫌具有市场支配地位并产生排除、限制竞争的行为进行严格审查。❹ 审查结果如违反《反垄断法》，则企业变动程序必

---

❶ 《上市公司重大资产重组管理办法》的立法意图在于防范、规制与惩治内幕交易。《中华人民共和国企业国有资产法》保护国有资产在面对企业变动时保值增值。《商业银行并购贷款风险管理指引》意在解决大规模并购时资金的短缺问题，有条件地允许商业银行开展并购贷款业务。

❷ 《中华人民共和国反垄断法》第 1 条。

❸ 《中华人民共和国反垄断法》第 5 条。

❹ 《中华人民共和国反垄断法》第 6 条。

须终止。当然，《反垄断法》的作用在于审查因过度集中可能导致对市场竞争的破坏和国家安全的影响，其对企业的并购产生影响较大；相反，企业分立则不易产生垄断，《反垄断法》的作用也因此显得微乎其微。❶

毕竟，企业组织变动涉及的不仅是企业单方面利益，劳工的保障是其面临的又一本质性难题。对此，立法部门作出相关立法规定，如《中华人民共和国劳动合同法》（以下简称《劳动合同法》）第33条规定用人单位名称、法定代表人等的变更不影响劳动合同履行；第34条规定用人单位合并或者分立，原劳动合同继续有效；第35条规定用人单位与劳动者协商一致，可以变更劳动合同的内容。随后，相关地方性法规也作出了配套规定。例如，《福建省进一步规范企业劳动合同订立、变更、解除和终止的办法（试行）》第7条规定："符合《劳动合同法》第33条、第34条规定情形的，劳动合同继续履行。需要重新签订劳动合同的，新签劳动合同的内容与原劳动合同一致的，应视为原劳动合同继续履行。若新签劳动合同的内容与原劳动合同约定不一致，应经双方协商一致后重新签订；协商达不成一致意见解除劳动合同的，用人单位应支付劳动者经济补偿金。"《天津市人力

❶ 《中华人民共和国反垄断法》实施后的代表性企业并购案例主要为可口可乐收购汇源案。该案案情如下：2008年9月3日，可口可乐公司和中国汇源果汁集团有限公司发布公告，可口可乐公司旗下全资附属公司将以179.2亿港元收购汇源果汁全部已发行股份及全部未行使可换股债券。2008年9月18日，可口可乐公司向商务部递交了申报材料。2008年9月25日、10月9日、10月16日和11月19日，可口可乐公司根据商务部要求对申报材料进行了补充。由于此项集中规模较大，影响复杂，商务部的审查历经时间较长。最后审查决定：根据《中华人民共和国反垄断法》第28条和第29条，商务部认为，此项经营者集中具有排除、限制竞争效果，将对中国果汁饮料市场有效竞争和果汁产业健康发展产生不利影响。鉴于参与集中的经营者没有提供充足的证据证明集中对竞争产生的有利影响明显大于不利影响或者符合社会公共利益，在规定的时间内，可口可乐公司也没有提出可行的减少不利影响的解决方案，因此决定禁止此项经营者集中。可口可乐收购汇源以失败告终。

资源和社会保障局关于劳动合同订立、履行、变更、解除和终止等有关问题的通知》第（八）条规定："符合《劳动合同法》第33条、第34条规定情形的，劳动合同继续履行。用人单位名称变更的，应及时告知劳动者。"《新疆维吾尔自治区人力资源和社会保障厅关于印发自治区规范劳动合同管理指导意见的通知》第二条第（五）项规定："用人单位变更名称、法定代表人、主要负责人或者投资人等事项，不影响劳动合同的履行。用人单位发生合并或者分立等情况，原劳动合同继续有效，劳动合同由承继其权利和义务的用人单位继续履行。"

二、立法规定及理论研究述评

《劳动合同法》确立的劳动合同概括承继制度是在《劳动合同法（草案）》的几次审议稿中几经变化，最后在三审、四审稿及最终通过的《劳动合同法》所确立的，但是对企业组织变动时如何保障劳动者权益仅仅在立法上笼统而概括地确立劳动合同的承继制度，缺乏实体法上细致的划分与程序法的制度设计，导致承继制度实际施行时一概而论，缺乏相关体系化的配套制度。①承继制度对于企业组织变动的不同形式只考虑合并、分立两种类型，而忽视了企业营业转让等类型，且对于企业的合并与分立均实行劳动合同的概括转移，并未对此进行细致区分。这就要求公司法上企业变动立法与劳动法等相关制度的衔接与协调。②对于企业组织变动的阶段性会呈现不同特征未进行充分认识，如：企业变动前如何进行制度设计以保障劳动者的知情权；变动过程中的承继制度如何尊重劳动者的意思表示，如概括的合同继承，劳动者是否享有拒绝留用的权利；若一律无差别化概括继承，是否过度侵害企业自主选择的自由，从而造成企业利益的过度减损；同时是否应考虑不同劳动者对承继的不同需求，如高层管理人员与普通劳动者对因企业变动而引起的劳动合同的走向具有不同需求，如强令其合同承继给变动后企业，是否有违其意思自治的自由；变动后的企业如假借劳动合同承继之名，实际在合同概括继受后，对工作规则等劳动条件实施不利益变更以及承继后又进行针对劳动者个体的解雇行为或大量进行解雇。这些都因现行立法过度粗略及概括而在实际操作及运用上不免产生疏漏，故对劳动者的保障及救济制度是否合理需要重新审视。总之，现行立法规定的劳动合同概括承继制度，表面上看似乎是保护劳动者工作权的主张占了上风，但实际上在否定用人单位和劳动者选择意志的制度规则的刚性作用下，有时双方的利益都有可能被实际损害。[1]

《劳动合同法》实施后，此问题的研究有了明确的立法基础。在《劳动合同法》实施前，对企业的合并、分立及是否设立劳动合同承继制度已有学者予以关注，并开始探讨承继制度设立的必要性及合理性，对劳动合同承继制度进行提纲挈领的思路设计。[2] 也有学者在《劳动合同法》实施前后展开多方面论证，如进行比较法上的探讨，分析英国、美国、日本以及我国台湾地区对此问题的相关规定，来进一步探讨是否应设立对劳动者保障

---

[1] 参见冯彦君．劳动合同的履行和变更［G］//常凯．劳动合同立法理论难点解析．北京：中国劳动社会保障出版社，2008.

[2] 如将承继制度的设计思路概括为：(1) 明确劳动契约承继制度的价值取向；(2) 劳动契约承继制度在规范构成上要注意实体制度与程序制度的合理安排，要特别突出程序内容的地位；(3) 区分对劳动契约的承继与集体合同的承继；(4) 相对区分公司分立的两种类型（新设分立与吸收分立）；(5) 相对区分两类劳动者（以从事设立公司承继的营业为主的劳动者和非以从事设立公司承继的营业为主的劳动者）；(6) 应该确立两种情况下的劳动者的异议权；(7) 应该包括两项禁止性的制度内容，以此否定在公司分立过程中的公司方面单方做出的有违公正的不当劳动行为。参见冯彦君．公司分立与劳动权保障：我国应确立劳动契约承继制度［J］．法学家，2005 (5)：17-19.

的措施，[1] 或从是否设立劳动者的保障制度转向《劳动合同法》中引入劳动合同承继制度对劳资双方之影响、劳动合同承继的现实意义及如何使制度进一步完善。[2]当然，也不乏一些硕士论文及博士论文进一步论证与研究。归纳当前理论研究具有的特点如下。第一，欠缺概念的统一性运用，指代性混淆且含义交叉。例如对企业并购、企业重组、企业合并与分立等概念未进行清晰厘定，以致在具体制度的设定上一致性前提缺失。第二，对企业组织变动的不同形式欠缺全部性分析，并欠缺对企业组织变动形式的整体性研究。将企业组织变动形式分裂开来，特别是对企业合并、分立时对劳动者保障的制度设计研究较多，而较为忽视企业转让这一形式，致劳动者权益保障的片面性明显。第三，对企业组织变动时劳动合同的走向论述较多，对其余保障的具体制度设计较少。研究大多立足于劳动合同的承继制度，而对劳动合同承继的具体实施细则及程序规则的研究较为欠缺；同时，研究者对于企业因规避劳动合同承继制度，侵害行为表现形式的多样化与新颖化而展开的研究并不多见。这也导致了承继制度在立法上孤立无援的现状。第四，虽然学者们开始在比较法层面研究如何保障劳动者权益，但多数研究仅对国外某一具体制度进行探讨与借鉴，而对某一国家或某区域对劳动者保护制度的体系化研究并不多见，特别是对欧盟指令在欧洲各国劳动法保护制度建立时所起作用的研究常被忽略。这导致了在比较法研究时，对于某一具体制度产生、植根的基础与来龙去脉并未能深入了解，也就进一步

---

[1] 王健，宋永泉．公司合并与职工权益保护［J］．法学论坛，2003（1）：64－69；陈俐茹．解析公司分立之职工保护［J］．比较法研究，2007（4）：115－119；肖蓓．企业并购中劳动者劳动权的国家权力保护［J］．中南大学学报（社会科学版），2011（5）：108－116；侯玲玲．我国企业重组中的劳动合同继承问题研究［J］．华东政法大学学报，2008（6）：103－109.

[2] 董保华．公司并购中的新话题：劳动合同的承继［J］．中国人力资源泉开发，2007（9）：80－83.

导致我国进行制度借鉴时可行性不高，虽然制度“看上去很美”，但进行本土化移植却容易造成“水土不服”，阻隔了具体制度间的衔接并阻碍了体系化建设。

第三节 研究范围、思路与方法

一、研究范围

企业组织变动是指组织结构的变动或变化。组织结构它既包括各个组成部门之间的相对位置和相互关系的那种“看得见的结构”，也包括制约组织成员行为方式的那种往往连组织成员自身也未能意识到的“看不见的结构”。[1] 本书所研究的企业组织变动定位在企业整体或部分的结构性变更，包括企业的合并、分立、营业转让等变更形式；同时，企业的股份收购、企业的法律形式转换及破产因劳动合同中雇主一方未发生变动，或因劳动合同终止等原因，则不在讨论范围之内。本书分析欧盟、德国、英国、美国、日本等对此事项的立法及判例，并对我国现行立法进行重新审视，试图构建并完善相关制度。

二、研究思路与方法

如何保障企业组织变动的过程中劳动者的权利，对于促进劳资和谐具有重大意义。本书从企业组织变动发展的经济大环境介入，并采用“总—分”的研究思路。首先从企业概念的界定切入，进而分析了企业组织变动的概念以及企业组织变动的具体类型，并同时考察了企业组织变动在国外以及国内的历史发展脉络，特别是企业组织变动在如此长久的发展历程中对个别劳资关

[1] 俞晓军．信息化时代的企业组织变动［J］．中国工业经济，1999（11）：74.

系以及集体劳动关系产生的巨大影响。在比较法领域上，为使我国在构建并完善劳动者保护立法时具有可借鉴的蓝本，本书相继考证了欧盟指令性文件、《德国民法典》、英国《企业移转雇佣保障条例》（TUPE），以及日本和美国对于此问题的立法现状。并围绕企业组织变动时如何保障劳动者的工作权进行了相关论述。如企业组织变动发生之前劳动者异议权的确立、企业组织变动发生之时劳动合同承继制度的审视，以及劳动合同承继之后的不当劳动行为禁止制度等。并在此框架内，分别对劳动者异议权的建立基础和建立模型、劳动合同承继制度中的雇主商定留用权和劳动者拒绝留用权，以及不利变更行为及无理解雇行为进行了具体的研究。

对以上问题进行深入研究依靠以下特定研究方法来进行：

第一，比较分析方法。比较分析方法是指对不同国家或法系之间进行比较研究的方法。在本书论述中，既运用了双边比较方法，也运用了多边比较的方法。同时，兼有垂直的比较（历史比较）方法与水平的比较（同时代比较）方法。从比较的深度上看，本书对国外立法与本国立法的比较不仅运用了文本的比较，而且还有功能的比较。从比较对象的范围来看，本书同时运用了宏观比较方法与微观比较方法。

第二，逻辑分析方法。任何科学理论的建立都必须借助于逻辑推理，因为法律规则本身就是一个由各种概念所构成并具有严谨逻辑结构的判断和命题。其并非一个随机的集群，而是一个具有逻辑一致性的有机整体。在构建并完善劳动者保护制度时，要运用逻辑推理的方式，避免法律制度理性化程序不高的弊端。同时逻辑推理分析可避免司法的逻辑混乱与司法公正性的缺失。本书充分运用了逻辑分析方法研究法律概念与法律事实之间以及法律规则与规则之间的关系，以期获得一个符合逻辑的公正和妥当的劳动者保护之对策。

第三，价值分析方法。价值分析方法就是指通过认知和评价社会现象的价值属性，从而揭示、批判或确证一定社会价值或理想的方法。价值分析方法之所以是法学的基本方法，就在于法学的一个基本任务是揭示法的应然状态或价值属性，即法律应然的问题。当发生利益冲突时，法律的一个更重要的任务则是对各种利益进行评价并进行取舍。特别是在劳动者与企业之间所形成的劳资关系中，由于其追求目的截然不同导致双方利益冲突明显。反映在企业组织变动过程中对劳动者保护的立法上，就需要考量法律制度的权利与义务总体结构是否合理，是否公正。对劳动法律制度进行价值分析，把握劳动法律制度所内在的价值目标和理想，能够有效推进劳动立法公平与效率相统一的价值追求。

第四，语义分析方法。语义分析方法是通过分析语言的要素、句法语境来提示词和词语意义的研究方法。词语的真正意义并不仅在于词语本身，而是其所代表的实际对象。我们利用对词语的进一步认识来加深我们对现象的理解。[1] 企业组织变动的过程中对劳动者进行保护这项研究涉及的概念如企业、企业组织变动、劳动者等均出现在不同的研究领域中。即便在法学领域中，关于企业、劳动者等的概念也认识不一。若对此进行深入研究，概念的厘定则显得至关重要。同时，对于劳动者的异议权、劳动者的商定留用权、劳动者的拒绝留用权、企业的不当劳动行为禁止制度等概念，本书均运用语义分析方法进行解释与厘定，尽力避免思想交流的障碍和理论的混乱。[2]

---

[1] HART H L A. The Concept of Law [M]. New York: Oxford University Press, 1961: 14.

[2] 关于法学的研究方法，参见张文显. 法理学 [M]. 3版. 北京：高等教育出版社，北京大学出版社，2007：24 -35.

第二章　企业并购概说

第一节　企业概念的多维解析

一、企业内涵的经济学与法学解析

“企业”一词源于英语中的 enterprise，原意为商事主体冒险从事某项事业，后来用以指代经营组织或经营体。日本用汉字将其意译为“企業”，并传入中国。[1] 经济学家首先将其作为研究对象，并运用市场与企业的比较方法对企业进行定义。他们认为，企业作为一种组织形式，在一定程度上是对市场的一种替代。企业之所以存在，或者说企业和市场之所以并存，是因为有的交易在企业内部进行成本更小，而有的交易通过市场成本更小。他们“已经将企业描述成了一个特殊的市场，或者说是一种带有成本和收益计算特征的团队生产方式”。[2] 由此可知，企业的定义是以交易费用为理论支柱的。经济学上，企业概念的界定主要运用企业与市场的比较，[3] 将企业视为经营实质与交易活动

---

[1] 汉语外来词词典［M］. 上海：上海辞书出版社，1984：284.

[2] 伊斯特布鲁克，费希尔. 公司法的经济结构［M］. 张建伟，罗培新，译. 北京：北京大学出版社，2005：12.

[3] 萨瓦蒂埃以其美妙而简练的公式给企业下了定义：企业 = 领导班子 + 设备。参见商波. 商法［M］. 刘庆余，译. 北京：商务印书馆，1998：30.

相结合的多层有机经济组合体。企业以追求利润为最高追求目标，根据市场变化调整有机体组合并随时进行经营模式的改变。企业在经济学上的概念主要是针对企业的自然属性，并且着重突出企业的核算中心作用，虽然很精明，但却并未注重企业作为交易主体一方的物质与非物质要素。

何谓法律意义上的“企业”？企业一方面具有组织体的相对稳定性，另一方面又具有相对“动”的一面。德国法在讨论“企业”（Betrieb）[1] 概念时的切入路径与之非常相近。德国法认为：“企业是一种组织上的经济实体，在这个实体内，企业的所有人，独自或者与其他人一同利用一些既含物质又含非物质的手段以达成劳动技术上的预定目标。”[2] 我国台湾地区相关规定对于企业也无统一定义。我国台湾地区“行政院”将企业解释为：“所谓企业单位系指以一个场所或多个场所结合成一个事业单位，从事一种或多种经济活动，自行决定经营方针、资金运用等，备有经营账簿，并自负盈亏者，即视为一个企业单位。”[3] 我国大陆地区的商法学者认为，作为具有一定经济规模和组织形式的企业，取代了传统观念上的商人，成为商法中的主体和商法的调整对象，处于商法的核心地位。[4] 日本有关学说认为：“企业”是持续的、有计划的实现营利目的的统一的、独立的经济单位。[5] 综观上述观点，可以认为，企业是一个多重的有机组合体，它以

---

[1] 关于企业（Betrieb）转让问题的规定，在下文有关《德国民法典》第613a条的内容中进行具体论述。

[2] BAG vom 23. 9. 1982, AP Nr. 3 zu § 4 BetrVG 1972 = DB1983, 1498; Löwisch, Arbeitsrecht, 3 Aufl. 1991. RdNr. 410.

[3] [EB/OL]. [2011 - 05 - 10]. http://eng. dgbas. gov. tw/ct. asp? xItem = 11246&ctNode = 2335.

[4] 范健. 商法 [M]. 3 版. 北京：高等教育出版社，北京大学出版社，2007：37.

[5] 王保树. 商事法的理念与理念上的商事法 [G] //王保树. 商事法论文集. 北京：法律出版社，1997：3.

营利为目的，一方面将其所属的建筑物、财产、内部机械设备等物质进行整合，形成企业财产权，另一方面，它不仅是事物在数量上的集合，同时整合了商誉、与顾客之间的关系等非物质以及非权利因素。应该注意到，有学者将企业的法律定义混同于法人。事实上，只有公司才是企业中的法人，即依法定程序设立，以营利为目的社团法人，才具有独立的人格。“公司是企业的一种主要形式，而且其显著特征就是一种作为融资工具而存在的企业形式，和一般企业生产活动中参与者所获的收益不同。”❶ 虽然公司并不完全等同于企业，但是与作为我国企业法律形态的个人独资企业和合伙企业相比，公司仍占据企业法律形态的主导，是一类重要的竞争主体。

“企业”这一概念正式出现在我国专门性劳动法律领域，是在1995年开始实施的《中华人民共和国劳动法》（以下简称《劳动法》）中。企业列为《劳动法》适用范围中的当事人一方。❷ 随后在2008年实施的《劳动合同法》中，又再次确立了企业作为劳动关系中一方当事人的地位。❸ 这两部法律分别在第2条中提到了企业这一概念，并表现出以下特点，即我国《劳动法》与《劳动合同法》对企业概念作比较狭义的理解。企业属于用人单位范畴，并与个体经济组织、民办非企业单位等组织互不交叉，并列存在。企业作为用人单位的下位概念，只是用人单位的一种类型，其与个体经济组织、民办非企业单位等组织共同

❶ 伊斯特布鲁克，费希尔．公司法的经济结构［M］．张建伟，罗培新，译．北京：北京大学出版社，2005：12.

❷ 《中华人民共和国劳动法》第2条规定：“在中华人民共和国境内的企业、个体经济组织（以下统称用人单位）和与之形成劳动关系的劳动者，适用本法。国家机关、事业组织、社会团体和与之建立劳动合同关系的劳动者，依照本法执行。”

❸ 《中华人民共和国劳动合同法》第2条规定：“中华人民共和国境内的企业、个体经济组织、民办非企业单位等组织（以下称用人单位）与劳动者建立劳动关系，订立、履行、变更、解除或者终止劳动合同，适用本法。”

构成劳动关系中雇主一方的法律主体。即便如此，“企业”的概念仍然在劳动立法上缺失规范性。虽然《劳动合同法》与《劳动法》相比，劳动关系一方主体的界定从“中华人民共和国境内的企业、个体经济组织”扩大到了“中华人民共和国境内的企业、个体经济组织、民办非企业单位等”，但这仅是“用人单位”概念外延的拓展。这种概念性列举只证明企业作为劳动关系的一方当事人主体，其所辖经济实体不包含个体经济组织、民办非企业单位等组织，但企业究竟为何种经济组织，仍然未具体化为确定的法律概念。

正确界定企业的涵盖范围在劳动法上具有深刻意义。它关系到法律关系一方主体的确立，范围过于宽泛则易导致对不属于限定范围内之其他经济实体的侵犯，而限定范围过于狭窄，又使得一部分经济实体流于立法之外。❶ 因此，为了突出劳动关系中“资本与劳动力交换”这一特质，合理划定保护劳动者权益的范围，对企业认定的梳理更显得至关重要。“企业”在劳动法领域❷可理解为雇主和其雇员一起运用有形的或者无形的手段为实现一定的劳动技术目的的组织单位。❸ 它是劳动技术上的组织单

---

❶ 笔者在论述此问题时之所以采用“企业”而并非“用人单位”的概念，一方面是因为用人单位不仅包括企业，还包括个体经济组织、民办非企业单位等经济实体；另一方面，笔者认为劳动法上用人单位的概念准确程度有限。从文义解释上来讲，“单位”为生活词汇，而并非法律概念。单位是我国经济生活中特有的产物，而对这一概念的使用是多方面的，它既可以指与劳动者形成劳动关系的经济实体，也被用来指代公民大众上班工作的机构；既可以包括企业，也可包括政府机关。政府机关虽为单位，也需要用人工作，但公务员与政府的法律关系显然不是劳动法所调整的范畴。

❷ 在劳动法领域理解企业概念，要注意进行雇主与企业的对比区分。虽然在个别情况下，雇主和企业的特征会有所交集或集于一体，但是不能简单地将其等同视之。此外，本书所提到的“雇主”与“雇员”是西方劳资关系中的一组概念，其内涵与我国劳动立法上的用人单位与劳动者概念基本类似，只是使用方式有所不同。

❸ 杜茨．劳动法［M］．张国文，译．北京：法律出版社，2005：21.

位，并无权利能力，权利主体是企业的所有人（Betriebsinhaber）。[1]与此相应，所谓企业的转让（Betriebsübergang）是指企业所有人的更易，也就是权利主体的更易。[2]当然，劳动法中企业的定义与市场主体法中的企业定义相比仍然有些不同，这取决于市场主体法与劳动法具有截然不同的立法理念。前者是为了构建适应市场竞争的组织，重在明确投资者的权益和责任；后者为了保护劳动者的合法权益，重在促进劳动关系和谐稳定。因此，虽然市场主体法所确定的企业法律形态有公司、合伙企业和个人独资企业等，但劳动法上企业的种类划分因立法理念的不同应从另一路径介入。从劳动者保护角度出发，显然企业规模的大小才是影响劳动者权益保障的决定性因素。换言之，对企业概念在劳动法上的认识，考虑企业的规模大小才具有真正的意义。这有助于细化劳动法适用对象，并根据现实情况制定不同的政策措施，有针对性地保障劳动者的利益。[3]

二、企业整体说与部门说之争

对于企业概念的认识，学界还存在一种争论，即企业的整体说与部门说之争。讨论企业概念的整体说与部门说直接决定了劳动者保障制度小前提的确立标准。若企业并购的过程中建立劳动者的保护制度，企业并购是实施劳动者实体保障制度的大前提，是否符合企业并购的判定则构成小前提，而何为企业的组织变动则为小前提中的前提。判断这个小前提中的前提，重中之重在于如何看待企业的组织变动仅为企业整体的变动抑或部分变动。事

---

[1] 参见 RICHARDI R. Kommentar des Dienstvertragsrechts（Vorbemerkung vor § 611，§ § 611 – 615 BGB）［M］//Kommentar zum Bürgerlichen Gesetzbuch. Berlin：Staudinger，2005：557.

[2] 林炫秋．事业单位转让与劳动契约之变动［J］．政大法学评论，1999（62）：257.

[3] 参见王天玉．工作权研究［D］．长春：吉林大学，2010：59 – 64.

实上，这一问题的本质可归结为：企业概念的理解采用整体说抑或部门说。

企业[1]的整体说与部门说的争论缘于我国台湾地区，起因在于“事业单位”这一概念的立法及解释上存在差异。关于如何解释事业单位[2]，我国台湾地区学者持两种意见：一种意见为整体说，另一种意见为部门说。之所以出现两类学说的争论，起因于台湾地区关于“劳动法”适用范围的规定[3]。我国台湾地区学者对“事业单位”采用的界定方式为“从行业范围引入”。所谓的行业范围引入是指：先判断劳工工作的工作场所是否为劳动法上的事业单位。而通常工作场所是否为劳动法意义上的事业单位是根据经济实体相关的经济活动事实来认定。据此，“整体说认为，‘劳动基准法’系以行业为适用该‘法’之对象，因此，只要在系适用‘劳动基准法’之行为，应以一整体视之，否则，同一事业主体之员工，将分成不应适用及应适用‘劳动基准法’之两种情形，有失公平”[4]。而部门说则认为，判定此问题需在劳动基准法的规定框架内进行。“劳动基准法”并没有明确指出对于企业、公司等所有部门是否都适用其规定，因此整体说不符合现行规定，部分说才更符合相关规定的本意，即事业单位是指公司、行号、经济组织等内在部门。

支持整体说的学者认为，只要纳入到“劳动基准法”调整

---

[1] 台湾地区有关规定将劳动关系的资方主体称为事业单位，故本书对台湾地区有关规定进行讨论时，事业单位可与企业作相同理解。

[2] 台湾地区“劳动法”上雇主的称谓使用“事业单位”的概念。其“劳动基准法”第2条第1项第5款规定事业单位谓适用该‘法’各业雇用劳工从事工作之机构，与我国《劳动法》上用人单位的概念相似。

[3] 台湾地区“劳动基准法”第2条第1项第5款规定：“事业单位：谓适用本‘法’各业雇用劳工从事工作之机构。”

[4] 林炫秋．事业单位转让与劳动契约之变动［J］．政大法学评论，1999（62）：262.

范围内的事业单位行为，一旦出现改组、转让情况时，即将企业视为整体，以防止同一雇主经营不同行业时，对劳动者产生两种对待方式：一部分劳动者受到保护，而另一部分劳动者游离于保护之外。在台湾地区的司法实践中，也存在支持整体说的判决。如方元绮等诉元大京华证券股份有限公司一案[1]的判决中指出："事业单位改组或转让，如事业单位为公司组织者，系指事业单位依'公司法'之规定变更其组织或合并或移转其营业、财产而消灭其原有之法人人格，另立新之法人人格而言。又所谓'事业单位'系指整体公司、企业、行政，并非指公司、企业或行政内部之部门。"[2] 由此可见，整体说的支持者不仅得到了部分学者的支持，也得到了司法判决的支持。但是，整体说仍存在着一个规制盲区，即面对企业的一部分或者分支机构发生组织变动的情形时无法全面应对，在解决这一问题时，不得不采用类推的方式，与企业整体的组织变动享受同等保护。有学者将此问题作如下解释："采整体说之结果，将使得事业单位之分支部门改组或转让时，无法直接适用'劳基法'第 20 条之规定[3]，形成一法

---

[1] 被告元大京华证券股份有限公司（以下简称"元大京华公司"），系由京华证券股份有限公司（以下简称"京华公司"）及元大证券股份有限公司（以下简称"元大公司"），于2000 年 7 月 1 日合并，而以元大公司为存续公司，经更名后之公司。原告甲某某等 25 人原为京华公司所属员工，于上述两家公司合并过程中以劳务给付对象变更及原定之劳动条件将有所变更为由拒绝留任，并向原雇主京华公司请求给付资遣费。原告等乃申请"台北市政府劳工局"就前述争议尝试与两个合并公司调解，并于 2000 年 7 月 31 日在"台北市政府劳工局"协调解决方法，然而元大公司仍坚持不愿依法给付遣资费，以致未能成立调解，故原告提起本诉讼。因本合并案发生在"金融机构合并法"与"企业并购法"施行之前，所以该案依据"公司法"及"劳动基准法"予以规范。

[2] 参见台湾地区"最高法院"1995 年台上字第九九七号判决［EB/OL］.［2011 - 07 - 01］. http：//jirs. judicial. gov. tw.

[3] 台湾地区"劳动基准法"第 20 条规定："事业单位改组或转让时，除新旧雇主商定留用之劳工外，其余劳工应依第 16 条规定期间预告终止契约，并应依第 17 条规定发给劳工资遣费。其留用劳工之工作年资，应由新雇主继续予以承认。"

律漏洞。惟事业单位分支部门之改组或转让，与事业单位整体之改组或转让，仅有范围大小之不同，对劳工之不利影响并无本质上的差异，属类似情况，应可类推适用“劳基法”第20条有关保护劳工之规定。”[1] 由上可知，企业的整体说并非万全之策，对于企业发生部分变动之漏洞，不得不转以类推的方式弥补。

企业概念界定究竟采取整体说还是部门说应首先从逻辑上进行分析。企业应首先为劳动法中认定的企业，符合劳动法的调整范围，这是讨论企业并购引起的劳动法问题的前提条件。否则，不属于劳动法中的“企业”将不再纳入讨论范围之内。其次，企业概念界定采取整体说还是部门说的本质在于如何理解企业并购时的“企业”之深层含义，而并非单纯地判定一个经济体形式是否为劳动关系的一方主体。企业并购中的劳动者之所以应得到特殊对待，原因在于此变动“具有影响雇用需求变化机能，即两个经营组织体相互交易、移转某种属于经营组织的权利，而该等权利的移转、交接会进一步促使在该企业服务的劳工需面临去留问题的结果发生”。[2] 不仅企业整体变动会产生员工的去留问题，企业的部分变动也会导致雇用需求变动。因此，从是否影响雇用需求变化的机理考量，企业的部门说更具说服力。同时，欧盟指令[3]以及欧盟指令影响下的德国[4]与英国立法[5]对企业概念的理解均采用了部门说。企业概念的界定采取部门说，可以在立法

---

[1] 林炫秋．事业单位转让与劳动契约之变动［J］．政大法学评论，1999（62）：263.

[2] 陈建文．“劳动基准法”第二十条之研究［J］．政大法学评论，2003（74）：299.

[3] 欧盟第77/187号指令第1条规定：其指令适用于由于法律意义上的转让或法律意义上的合并，而使得企业所营业的全部或者营业的部分转让给另一个雇主的情形，包括企业合并、企业营业全部或部分转让，或是由第三人接管该企业。

[4] 《德国民法典》第631a条（1）规定：企业或企业的一部分因法律行为而转移给另一企业主的，另一企业主加入基于转移时所存在的劳动关系而发生的权利和义务。

[5] Regulation 3（4）（a）（b）of TUPE（SI 2006/246）规定TUPE的适用范围包含：事业移转（transfers an undertaking）、营业移转（transfers an business）、部分的事业移转（transfers part of an undertakings）、部分的营业移转（transfers part of an business）。

前提上与先进立法国家保持一致，这也有利于进一步进行实体制度的移植与借鉴。❶

第二节 企业并购的概念与类型

一、企业并购的概念界定

企业并购的概念应如何界定，由于我国暂无规制“企业”这一经济实体发生组织变动的专门性立法，因此可参照企业中的一类主要经济实体——公司以及国外及国内相关公司立法加以理解。

关于何为公司并购以及公司并购的具体形式，各国或地区均有不同的定义与划分。首先，公司并购的称谓不同，它在美国、德国、日本以及我国台湾地区分别被称为公司重大变更（Fundamental Corporate Change）、公司结构性变更、公司基础性变更，以及企业并购。❷ 其次，公司并购的具体含义也不相同。美国的公司重大变更是指“公司在法人实体、治理结构、资产结构等方面发生的实质性变更”❸，它既包括公司与雇员，也包括公司与债权人、公司与股东之间契约的根本性改变。德国的公司结构性变更是指《企业变更法》中所规定的包含合并、分立、财产转让与公司法律形式转换在内的四种形式，《企业变更法》是对“包括所有作为企业主体的各种形式的公司变更的法典型编纂”❹。日本的公司基础性变更形式规定于2005年通过的《日本

❶ 对欧盟、德国以及英国的立法参照第四章的详细论述。

❷ 台湾地区有专门性规定，称为“企业并购法”。

❸ 苗壮．美国公司法：制度与判例［M］．北京：法律出版社，2007：502.

❹ 莱塞尔，法伊尔．德国资合公司法［M］．3版．高旭军，单晓光，刘晓海，等，译．北京：法律出版社，2005：705.

公司法》第五编中，主要是指组织变更、合并、公司分割、股份交换及股份转移 4 种形态。❶

在探讨对企业并购的类型进行划分之前，有必要对企业并购这一概念进行统一性界定。因我国立法无明确规定，学者对于企业并购这一概念使用不统一，诸如企业并购、企业变更、企业的基础变更、企业重组等概念。以企业并购为例，国际上习惯将兼并与收购（Mergers and Acquisitons）合在一起使用，统称为 M&A，在我国简称为并购。❷同时，企业并购也是我国台湾地区相关规定中所使用的概念。台湾地区在 2002 年颁布了“企业并购法”。虽然其侧重规范公司及其并购程序等层面的规定，仅在第十五条至第十七条涉及调整因企业并购导致劳动契约发生变化所引发的劳动法相关问题，但是企业并购这一概念仍然成为台湾地区学者研究企业并购的基点并被广泛使用。不过企业并购这一概念在我国台湾地区已经赋予了各种意义指向和类型指称，包括公司合并、公司分立、股权转换、营业让与、概括承受及变更组织等在内的多种形式，其与欧美国家“并购”的内涵出现了截然不同的用法与含义。虽然我国大陆学者在研究企业并购问题时，也大量借用企业并购的概念，但却经常在不同的意义上使

---

❶ 至 2000 年《日本商法典》修改时，日本的公司基础性变更有 6 种形态，分别为：章程的变更、资本的减少、合并、股份交换和股份转移、公司分立、组织变更。但至 2005 年，日本通过了《日本公司法》，这一单行立法把公司法从《日本商法典》中分离出来，并设第五编，专编规定了公司的结构性变更和程序，并最终确认了组织变更、合并、公司分割、股份交换及股份转移 4 种形态。参见张翼飞．公司结构性变更法律问题研究［D］．长春：吉林大学，2010：9；中东正文．国际性企业重组法制：日本法的现状和课题［J］．潘姝蓉，译//滨田道代，顾功耘．公司治理：国际合作与制度设计．北京：北京大学出版社，2005：148．

❷ 并购中的兼并是指在竞争中占优势的企业购买其他企业的全部财产，合并组成一家企业的行为；收购是指一家企业（公司）通过公开收购另一家企业（公司）一定数量的股份而获取该企业（公司）控制权和经营权的行为。参见侯怀霞，钟瑞栋．企业并购立法研究［J］．中国法学，1999（2）：30．

用，有借用欧美之并购内涵，亦有借台湾地区并购之意，这造成了“并购”变成了完全不具有确定性的法律概念。这种采不同含义之用法严重破坏了劳动立法研究的前提。同时，对企业重组的概念进行审视也会发现，企业重组是经济学上的概念而并非制定法上的概念，它是指对企业的资金、资产、劳动力、技术、管理等要素进行重新配置，构建新的生产经营模式，使企业在变化中保持竞争优势的过程。企业重组贯穿于企业发展的每一个阶段。它包括业务重组、资产重组、债务重组、股权重组、人员重组、管理体制重组等模式。具体的重组方式表现为合并、兼并、收购、接管或接收、标购、剥离、分立破产等。显然企业重组的概念过于宽泛，不利于准确地表达企业所发生的影响劳动者利益的变动形式。

我国目前尚无专门的立法对企业并购进行规制，现行《公司法》对于公司并购的概念也没有确切的表述，仅在第九章对公司合并、分立、增资、减资，第十章对公司解散与清算进行了限定与规制。这两章规定被视为研究企业并购类型的依据。公司法学界对公司组织形式变动类型也持有多种认识。归纳起来主要有以下几种观点。一种观点认为，公司组织形式的变动应分为公司内部组织结构的变更和公司外部组织结构的变更，并将其进一步概括为“公司章程的变更、公司的重组或重构、公司组织结构的消灭”。[1] 另一种观点认为，公司组织形式的变动包括组织变更和财产变更两个方面。这种观点较倾向于日本的分类模式。还有一种观点认为，公司主体（包括合并与分立）、公司形式、公司资本、公司章程等重大事项发生变化都属于企业组织形式的变动。[2] 此外，《中华人民共和国劳动合同法》首次在国家立法层

---

[1] 张民安．公司法上的利益平衡［M］．北京：北京大学出版社，2003：431．

[2] 刘宗胜、张永志《公司法比较研究》一书中提出过此种分类方式。

面对于企业组织形式变动引起的劳动合同问题加以规制。[1] 不过，我国劳动立法仅对合并、分立两种情况进行了一定程度的立法规制，并确立了劳动合同承继制度。但当前，企业组织发生变动频繁，形式日益多样化，间隔愈渐短期化，现行劳动立法的规定显然有些力不从心，对于合并、分立之外的企业并购类型应如何规制成为新的法律问题。

二、企业并购的类型分析

企业主为劳动关系中的权利主体，对企业享有一定的所有权，并可对享有的所有权加以使用、处分，造成企业在新旧两个所有人之间转换，也随之发生经营主体之间变更的问题。进一步说，企业组织形式一旦发生变化，会直接导致原劳动合同中的雇主一方发生变化。“原有的主体可能消失，新的主体可能产生，劳动合同的权利主体发生某种变化。”[2] 此时，才会对劳资双方乃至劳动关系产生重要影响。对于劳动者进行特殊保护也因此具有相应的合理性。反之，企业组织形式的变动未使原有劳动合同双方产生任何变化，劳动合同处于正常履行期间，劳动关系持续且稳定。劳动法中的一般性条款足以形成对劳动者的强大保护，则继续讨论是否需加强保护力度也就失去了其存在的必要性。[3] 而何种企业组织形式的变动会引起劳动合同一方主体发生变化，可参照企业中的一类主要主体——公司的相关规定进行归类，概括

---

[1] 《中华人民共和国劳动合同法》第 34 条规定用人单位发生合并或者分立等情况，原劳动合同继续有效，劳动合同由承继其权利和义务的用人单位继续履行。

[2] 董保华．公司并购中的新话题：劳动合同的承继［J］．中国人力资源开发，2007（9）：81．

[3] 劳动合同的主体变化分为两类：一类为劳动合同主体自身发生变化，如企业名称的变化、经营方向的改变等，这类主体的变化不包含在本书所述范围内。本书所指的主体变化仅为另一类，即劳动合同主体的变化涉及第三方的情形。参见董保华．公司并购中的新话题：劳动合同的承继［J］．中国人力资源开发，2007（9）：81．

起来主要有以下几项。

第一，公司（企业）的合并。公司的合并，是指“两个或两个以上的公司订立合并协议，依照有关法律的规定，不经过清算程序，直接合并为一个公司的法律行为”❶。我国《公司法》第 173 条规定：“公司合并可以采取吸收合并或者新设合并。”关于公司吸收合并（Merger）的定义，欧共体理事会关于股份有限公司的第 3 号公司法指令第 3 条对其作了界定：“吸收合并是指一家或者一家以上的被合并公司未经清算而解散，并将其全部资产和负债转让给另一家存续公司的法律行为。”❷ 也就是说，合并使得被合并公司的法人人格消灭，存续公司发行新股给予被合并公司的股东，并概括承受被合并公司的权利与义务。同样，欧共体理事会关于股份有限公司的第 3 号公司法指令第 4 条对新设合并（Consolidation）作了界定：“新设合并是指数家公司未经清算而解散，并将其全部资产和负债转让给一家新设公司的法律行为。”❸ 可以理解为，合并前的企业在法律上是独立的，为了实现战略上的好处，遵循一定的规则与程序使之合为新的有机统一体。原有数家企业的法人人格归于消灭，其原权利

---

❶ 赵旭东．公司法学［M］．2 版．北京：高等教育出版社，2006：470.

❷ 欧共体理事会 1978 年 10 月 9 日第 78/855 号文件第 3 条：“For the purposes of this Directive, ‘merger by acquisition’ shall mean the operation whereby one or more companies are wound up without going into liquidation and transfer to another all their assets and liabilities in exchange for the issue to the shareholders of the company or companies being acquired of shares in the acquiring company and a cash payment, if any, not exceeding 10% of the nominal value of the shares so issued or, where they have no nominal value, of their accounting par value.”

❸ 欧共体理事会 1978 年 10 月 9 日第 78/855 号文件第 4 条：“For the purposes of this Directive, ‘merger by the formation of a new company’ shall mean the operation whereby several companies are wound up without going into liquidation and transfer to a company that they set up all their assets and liabilities in exchange for the issue to the shareholders of shares in the new company and a cash payment, if any, not exceeding 10% of the nominal value of the shares so issued or, where they have no nominal value, of their accounting par value.”

义务由新设的企业概括承受。因此，无论是吸收合并还是新设合并，被合并企业的资产与负债均共同并入新的经营主体，也就是新经营主体对旧经营主体进行吸收，旧经营主体直接产生主体人格消灭的法律效果，旧经营主体也因企业合并产生变更。总之，随着企业合并这一法律行为的出现，被合并企业与劳动者签订的原劳动合同的一方权利主体发生了实质性变更。

第二，公司（企业）的分立。关于公司的分立，我国《公司法》中没有规定实施的细则，但确立了基本的公司分立制度。所谓公司分立是指“一个公司通过签订协议，不经过清算程序，分为两个或两个以上公司的法律行为”[1]。公司的分立分为存续分立与新设分立两种形式。存续分立，是指一个公司分成两个以上公司，本公司继续存在并设立一个以上的新公司。新设分立是指一个公司分解为两个以上公司，本公司解散并设立两个以上的新公司。[2] 企业分立的目的具有多元化，一方面，企业为了达到经营的专业化及效率化，将其特定的部门独立。另一方面，企业分立可能为了更新企业形象，重新划定市场定位或者剥离资产，以待上市。因此，无论存续分立还是新设分立，企业分立是企业将其在经济上处于统一整体的全部或独立部门的营业或财产转让至另一新设公司或既存公司，企业分立使得签订原劳动合同的企业主体一方发生法人人格的变化。

第三，企业的营业转让。企业的营业转让，也称为企业重大资产的转移，是指企业的资产及设备的所有权转让到另一企业，另一企业作为新的法律主体代替原法律主体继续经营。企业的营业转让属于债的移转。德国、日本、韩国等均已基本确立了企业的营业转让制度，但我国《公司法》尚未明确加以规定。本书

---

[1] 赵旭东．公司法学［M］．2版．北京：高等教育出版社，2006：478．

[2] 除存续分立与新设分立外，还有一种较为复杂的形式称为“合并分立”，本书将不详加论述。

在研究劳动者权利保护时，将其限定在企业基于资产收购而发生的，转让主要营业或财产的活动。可见，企业的营业转让是指“一个企业不需要解散而将其经营活动的全部或部分（包括资产和负债）转让给另外一个企业”❶，由另一企业继续经营。关于企业的营业转让是否会引起劳动合同一方主体发生法人人格变化的法律效果，则应该区分不同情况来分析。如甲公司购买乙公司的全部或部分资产，其仅产生资产上的变动，而对其权利义务亦不概括承受，因此甲、乙企业的法人人格均未消灭，劳动关系双方当事人均未因企业的营业转让发生任何变化。因此，并未对原劳动合同的履行产生实质性的影响，所以也不存在继续讨论的必要性。相反，如甲企业购买乙企业后，可能因双方的转让计划，须对乙企业进行组织的重组或撤销，那么，对于乙企业中的部分劳动者的原有劳资关系，则可能发生主体的变动。❷ 总之，相较于企业合并与分立的判定，企业营业转让的判定是更为复杂的论题，本书将在下面章节予以详细论述。

当然，除企业的合并、分立、营业转让等变动类型外，企业组织发生变动仍然存在诸如股份的收购、公司法律形式的转换以及企业破产等类型。这些变动类型之所以被排除在本书研究之外，是因为劳动合同中的一方主体并未发生变化，不影响劳动者根本性权利与义务。

股份的收购系指收购公司以现金或换购方式，向被并购公司的股东收购股份，或被并购公司增资发行新股，由收购公司认购（亦即收购公司因认购股份而成为被并购公司的股东），这是未引起法人人格变化的企业并购的主要类型之一。此种方式中，收购公司与被收购公司的法人人格均不因合并而消灭，

---

❶❷ 侯玲玲．我国企业重组中的劳动合同继承问题研究［J］．华东政法大学学报，2008（6），103．

但被并购公司的股权结构可能产生重大变化。[1] 事实上，股份的收购本质上并未引起法人人格的变化，公司自身和股东两者之间是具有各自独立性的。当股东发生变更的时候，公司的同一性并未受到影响。也就是，股份收购的影响仅仅在于公司内部股权结构上的变化，并未造成公司经营主体的变更，劳动合同并未产生雇佣主体的变化，股份的收购也就当然被排除在本书讨论范围之外。

公司法律形式转换是指保持公司法人人格持续性的前提下，将公司从一种形态转变为另一种形态的行为。这种转化形式是多样的，包括无限公司变更为两合公司，两合公司变更为无限公司，有限公司变更为股份有限公司，股份有限公司变更为有限公司等。我国台湾地区经济主管部门 1986 年 5 月 11 商 21502 号函指出："所谓公司变更组织系指公司不中断法人人格，而将其原有之公司组织形态变更为另一组织形态而言。其目的在在使公司于有变更组织之必要时，得不经解散之程序，仅在形式上办理变更登记即可，而无须中断公司之事务，但变更后组织，在本质上与新设者无殊。"台湾地区学者王惠玲也指出："公司变更组织并不造成法律上主体变更，何来新旧雇主留用劳工与否之问题？至其余内部组织的变动，更不适用'劳动基准法'第 20 条[2]所称的改组。"[3] 也就是说，所谓公司法律形式的转换，并未造成法律上主体的变更。公司并未因此而改变经营主体，法人人格并未因法律形式转换而中断，仅由原有的组织形态变更为另一种组织形态。所以，企业法律形式的转换不在本书讨论之内。

---

[1] 黄馨慧．企业购并与劳动契约［J］．律师杂志，2000（9）：111．

[2] 我国台湾地区"劳动基准法"第 20 条规定："事业单位改组或转让时，除新旧雇主商定留用之劳工外，其余劳工应依第 16 条规定预告终止契约，并应依第 17 条规定发给劳工资遣费。其留用劳工之工作年资，应由新雇主继续予以承认。"

[3] 王惠玲．事业单位改组转让问题之探讨［J］．律师杂志，1997（219）：45－46．

企业破产是指企业在生产经营中由于经营管理不善，其负债达到或超过所占有的全部资产，不能清偿到期债务，资不抵债从而进行债务清理的企业行为。企业因为经营不善而破产倒闭，经债权人申请或企业自行申请法院依法拍卖其厂地及资产，而转由另一企业经营的法律行为，不在本书讨论范围之内。但是，如另一企业对原企业的厂房、设备等全盘承受，也就是说企业进行全厂拍卖，并在拍卖后继续经营同一事业时又该如何认定，应与前类行为予以区分。我国台湾地区“行政院劳工委员会”1991 年 1 月 30 日（80）号劳资二字第 22518 号函认为：“一、查‘劳动基准法’第二十条所称事业单位转让时，新、旧雇主商定留用之劳工，系指留用员工应由新、旧雇主于转让前以口头或书面商量决定留用之明示，及其他外观上可为留用认定之默示二者而言。二、本案如系全厂拍卖，应有前开‘法条’之适用；倘因事业单位人格消减或劳工已提出参与分配，其间之劳动契约视为终止。”由此可见，企业破产是更为复杂的企业并购形式，对破产企业劳动者的保障力度与其他企业并购类型中的劳动者保障力度是否一致，仍需进一步深入探讨。

如上所述，企业合并、分立、营业转让中的部分情形导致原劳动关系中的雇主发生更改。本书的论述也正是在此框架内进一步讨论雇主的变动如何影响劳动者的利益，进而探索如何对劳动者实施适当的保护，以构建和谐稳定的劳动关系。

第三节　特殊变动类型——营业转让

一、营业转让的特殊性

相比于企业的合并与分立，企业的营业转让颇具有争议性。我国台湾地区“行政院劳工委员会”1988 年 6 月 23 日台（77）

劳资二字第12992号函指出："劳动基准法"第20条所称事业单位改组或转让，系指事业单位依"公司法"之规定变更其组织形态，或其所有权（所有资产、设备）因移转而消灭其原有法人人格；或独资或合伙之事业单位之负责人变更而言。[1] 台湾地区"最高法院"在1995年第997号判决中指出：按"劳动基准法"第20条所谓事业单位改组或转让，如事业单位为公司组织者，系指事业单位依"公司法"之规定变更其组织或合并或移转其营业、财产而消灭其原有之法人人格，另立新之法人人格而言。也就是说，不论该个案是否属于转让，其对于原有经营组织所造成之变动情形尚均需达一定程度，方可谓符合"劳动基准法"第20条的转让要件，亦即具有法人人格之经营组织（公司形态），其变动需达致法人人格消灭之程度；原经营组织不具法人格者（个人经营、合伙），则需有负责人变更之情形发生。因此，此观点对于转让要求更加严格。[2] 从文义解释上，转让是指企业的一切资产、设备所有权完全转移给他人承受经营，即由原法律主体移转给另一法律主体继续经营，两企业之间存在着"营业转让"的关系。从经营组织的构成来看，企业由主体（Entity）、物（Assets）、财（Value）、人（Human Capital）等因素构成。[3] 那么，究竟哪一部分构成要素因实际需要移转或变动可视为转让给其他经营组织或个人？这实质上是营业转让的判定标准问题，

---

[1] 参见"劳动基准法"暨附属法规解释令汇编［M］. 劳工行政杂志社，1998：192.

[2] 参见陈建文. "劳动基准法"第二十条之研究［J］. 政大法学评论，2003（74）：304－305.

[3] 关于企业经营组织的构成又可细分为如下几类：主体可分为法人格、企业家精神、政策任务（公营事业独有）、企业功能。物又可分为不动产：土地、建筑物；动产：设施、机具。财又可分为资金、存货、价值（形象、商誉）、IPR（品牌、特殊技术）。人又可分为：员工、经理人以及董监事。参见林建山. 让市场真正市场化：公营事业民营化议题之理论与对策［C］. 台北："行政院经济建设委员会"，2000.

该问题对于理论与实践均具有重大意义，有待于深入研讨。

二、营业转让的判定标准

从法适用的三段论来看，在司法裁判的逻辑框架中，“确定法效果的三段论法”乃为法条适用的重要逻辑模式。它是指：“一个完全的法条构成大前提，将某具体的案件事实视为一个‘事例’，而将之归属法条构成要件之下的过程，则是小前提。结论则意指：对此案件事实应赋予该法条所规定的法效果。”[1] 此乃宽泛意义上的三段论。关于此问题的三段论具体是指法条规定了营业转让是对劳动者采取特殊保护的前提，而某具体的案件即企业发生营业转让的事实行为则视为一个“事例”，企业的变化是否可归属为法条构成要件之下的过程，即是否构成“营业转让”则为小前提。由此可见，此处所探讨的问题的意义在于确立法适用上的小前提，是司法必须完成的事实认定。

（一）营业转让判定标准厘定的充要条件

欧洲法院认定发生营业转让的充要条件为：经营活动是否维持了它的同一性以及是否发生经济实体的转让。经营活动是否维持同一性是指营业转让后的企业是否与转让前企业从事相同的营业或类似的营业且具有将其营业活动延续的实质。经济实体是否发生实质性转让并不以是否有资产的转让结果而定。在特定部门中，一个经济实体可能没有任何重要的无形资产或有形资产，而仍然能够运作。法院在认定营业转让时，也将此种例外情形予以充分考虑。

在 Case C24/85 （Jozef Maria Antonius Spijkers v. Gebroeders

---

[1] 拉伦茨．法学方法论［M］．陈爱娥，译．北京：商务印书馆，2005：150.

Benedik Abattoir CV et Alfred Benedik en Zonen BV)[1] 一案中，法院思考的主要问题在于：第一，让与公司将其不动产与股份转让给受让公司，受让公司在接收之后，在同一栋建筑物中，继续从事让与公司的营业活动。在此情形下，是否符合欧盟第 77/187 号指令中第 1 条（1）中所定义的转让情形？第二，让与公司在将建筑物与股份转让给受让公司后，让与公司营业活动便全部终止，特别是在没有任何经营意愿的情形下，是否构成指令中第 1 条所定义的“转让”？欧洲法院认为，欧盟第 77/187 号指令所提“事业单位营业全部或一部转让给另一个雇主”的表达方式主要的判定标准为“企业的营业是否维持了它的同一性”。而认定营业是否维持它的同一性，主要考量的因素为是否存在交易的事实以及营业实际上是否被新雇主持续营运或新雇主是否重新开始同样的或类似的营业活动。由此判例引申出“营业活动是否维持它的同一性”是认定营业转让的重要因素之一。而在判定营业转让的同一性时，不能仅从资产是否发生转让这一结果来认定。这是因为经济实体可能有重要的有形资产或无形资产，但也可能没有这些却仍然能够运作。因此，从这个逻辑上来讲，虽然营业转让的法律行为本质上是经济实体之间维持同一性的交易行为，但是仍然不能以资产的转让结果作为依据来判定。如 Premier Motors (Medway) Ltd v. Total Oil Great Britain Ltd (1984) 一案，企业主 A 把企业转让给企业主 B，但是购买者并不打算持续经营其原有业务，因此也不需要雇用原有的雇员。在完成转让的 1 个月后，A 在 B 的许可下重新从事原有商业活动。但此时，原企业主 A 与

---

[1] Judgment of the Court (Fifth Chamber) of 18 March 1986. – Jozef Maria Antonius Spijkers v. Gebroeders Benedik Abattoir CV et Alfred Benedik en Zonen BV. – Reference for a preliminary ruling: Hoge Raad – Netherlands. – Safeguarding of employees rights in the event of transfers of undertakings. – Case 24/85. 参见 [EB/OL]. [2011 – 10 – 11]. http://eur-lex.europa.eu/LexUriServ/LexUriServ.do? uri = CELEX: 61985J0024: EN: HTML.

雇员的雇佣合同却已经被终止。此案诉至上诉法院。法院认为，商业活动已经发生了转让与购买者不打算持续的运营商业活动是没有区别的。在这样的情况下对此案件采用测试性的认定方式涉及雇佣关系中权利保护的持续性。它将一个企业的转让作为一个持续性经营（保留了持续性）与企业的单纯性的资产转移区分开来，即使资产已经发生转移的事情是如此显著。❶ 再如“瑞典劳动法院 1995 年第 96 号 Swebus 案件”❷。法官在审理时，核心问题即为承包商的变化是否构成瑞典《就业保护法》意义上的企业转让。这也是争议的关键所在之一。法院的判决最终认为，企业在发生变化时，业务是否保持了一致性，是判断是否发生业务转让的决定因素。“如果仅仅是营业资产的转让，那么不能认为是发生了业务转让。还有必要考虑对企业的处置是否是出于延续营业活动的考量，总之，结论可以从新雇主继续或重新开始相同或类似的活动中得出。”❸

---

❶ BARROW C，DUDDINGTON J. Brief Case on Employment law ［M］. 2nd ed. 武汉：武汉大学出版社，2004：145.

❷ Swebus（以下称为雇主）是瑞典的一家全国性的客运巴士公司，Swebus 负责瑞典 3 个地区（Helsingborg、Sjöbo/Ysta 与 Södra Älvsborg，以下简称“H 地区”“SY 地区”与“SÄ 地区”）的巴士客运交通。在实行公共采购后，Swebus 开始逐步丧失这项业务。在 H 地区与 SY 地区，Swebus 未与后承包商有任何接触，没有资产的转移，雇员也未被后续承包商接管。而在 SÄ 地区，Swebus 将自己全部 50 辆巴士中的 17 辆卖给了后续承包商，并且一部分雇员受到新雇主的邀请，由后承包商接管。随之，Swebus 开始解雇大批雇员。工会对此提出了质疑，并予以起诉。工会认为，Swebus 的变化应当被认为是瑞典《就业保护法》第 6 条 B 意义上的营业转让，因此根据该法第 7 条第 3 款，解雇应当被认定为无效。而法院的判决并未支持工会的诉讼请求，反而判定受影响的雇佣合同自判决之日起不再具有法律效力，或者从受影响雇员的雇佣终止通知期限届满时起失效。

❸ 法院确定了以下很重要的 7 点：（1）企业或业务的类型；（2）业务的有形资产，比如建筑物或动产，是否被转让；（3）转让时无形资产的价值；（4）大多数雇员是否被新雇主接管；（5）客户是否被转移；（6）转让之前和之后的商业活动的相似程度；（7）如果有的话，商业活动暂停的期限。参见叶静漪，EKLUND R. 瑞典劳动法导读［M］. 北京：北京大学出版社，2008：298.

（二）营业转让判定标准厘定的参考条件

所谓营业转让判定标准的参考条件是指即使出现下述因素，仍无法据此判断已经发生营业转让的法律事实。此类因素具有判定上的迷惑性。从表面看，似乎符合发生营业转让判定标准的充要条件，但是透过华丽面纱的背后，却不尽然。一个典型的误区是：如果新旧雇主所提供的服务相同，是否便可认定企业之间发生了营业转让？答案自然是否定的。新旧雇主所提供的服务虽然相同，但却不可直接推断并得出企业之间发生了营业转让。如欧盟相关联案例 Case – 171/94 与 Case – 172/94❶，以及 Case C – 13/95❷；Case C – 127/96、C – 229/96、C – 74/97；❸ Case C – 173/96、C – 247/96；❹ Case C – 234/98❺、Case C – 172/99❻。以其中的 Case – 171/94 与 Case – 172/94（劳工 Albert Merckx 与 Pat-

---

❶ [EB/OL]. [2012 – 03 – 10]. http://eur-lex.europa.eu/LexUriServ/LexUriServ.do?uri=CELEX:61994CJ0171:EN:HTML.

❷ Judgment of the Court of 11 March 1997. – Ayse Süzen v. Zehnacker Gebäudereinigung GmbH Krankenhausservice.

❸ Judgment of the Court (Fifth Chamber) of 10 December 1998. – Francisco Hernández Vidal SA v. Prudencia Gómez Pérez, María Gómez Pérez and Contratas y Limpiezas SL (C – 127/96), Friedrich Santner v. Hoechst AG (C – 229/96), and Mercedes Gómez Montaña v. Claro Sol SA and Red Nacional de Ferrocarriles Españoles (Renfe) (C – 74/97).

❹ Judgment of the Court (Fifth Chamber) of 10 December 1998. – Francisca Sánchez Hidalgo and Others v. Asociación de Servicios Aser and Sociedad Cooperativa Minerva (C – 173/96), and Horst Ziemann v Ziemann Sicherheit GmbH and Horst Bohn Sicherheitsdienst (C – 247/96).

❺ Judgment of the Court (Fifth Chamber) of 2 December 1999. – G. C. Allen and Others v. Amalgamated Construction Co. Ltd.

❻ Judgment of the Court (Sixth Chamber) of 25 January 2001. – Oy Liikenne Ab v Pekka Liskojärvi and Pentti Juntunen.

rick Neuhuys 诉 Ford Motors Company Belgium SA 一案）为例，[1] 布鲁塞尔最高法院决定冻结程序并提请欧洲法院对相关立法进行

---

[1] 该案原告为公司雇员 Albert Merckx 与 Patrick Neuhuys（以下分别简称“劳工 A”“劳工 B”），劳工 A 与劳工 B 是 Anfo 汽车公司的销售人员。Anfo 汽车公司作为福特公司的经销商，在布鲁塞尔占据着大量市场份额，福特公司也成为了它主要的股东。在 1987 年 10 月 8 日，Anfo 汽车公司通知劳工 A 与劳工 B，截至 1987 年 12 月 31 日，他们需停止一切活动，因为自 1987 年 11 月 1 日起，福特公司与一个新的独立经销商 Novarobel 公司合作，基本取代了 Anfo 汽车公司。Novarobel 公司将接手 Anfo 汽车公司中 64 位雇员中的 14 位，这 14 人履行原有职责，保留原有资历以及集体合约中的 32 项条款所赋予的其他所有权利。Anfo 汽车公司也给它的客户邮寄了信件，告知他们中止其活动，并推荐给他们新的经销商的服务。到 1987 年 10 月 27 日，劳工 A 与劳工 B 拒绝接受原雇主的提议，并宣称 Anfo 汽车公司不能要求他们到另一家公司，在另一个工作地点和不同的工作条件下工作，甚至连客户群基础和特定的营业额都不能保证。因此他们认为 Anfo 汽车公司的决定构成单方面违反雇佣合同。通过 1987 年 10 月 30 日与 11 月 2 日的信件，Anfo 汽车公司通知劳工 A 与劳工 B 他们的劳动合同已经转让至 Novarobel 公司并声明，根据 1987 年 10 月 30 日的集体协议，贸易委员会已经承认协议的 32 项条款可以应用，因此，转让是有效的。Anfo 汽车公司要求劳工 A 与劳工 B 举证他们自身在 Novarobel 公司未存在任何形式的拖延，否则，Anfo 汽车公司将要求违约赔偿。劳工 A 与劳工 B 并未遵守这项要求，并且在一番无果而终的信件交流后，他们起诉至布鲁塞尔劳工法庭（Tribunal du Travail），要求 Anfo 汽车公司与随即的福特公司（其继任者）赔偿他们因公司违约的各项损失与款项，非法解雇的赔偿金和他们应该享有的按比例计算的年度奖金。Anfo 汽车公司反诉劳工 A 与劳工 B 承担违约责任并赔偿。1990 年 7 月 20 日布鲁塞尔劳工法庭判决主要诉求不成立，并且反诉不予受理。劳工 A 与劳工 B 将该判决上诉至布鲁塞尔最高法院，同时，与福特公司产生交叉诉讼。劳工 A 与劳工 B 声称，在这种情况下并不构成企业以集体协约 34 项条款为目的的转移，而是企业的一种结束。福特公司则持相反意见。布鲁塞尔最高法院发现，首先，根据 1987 年 10 月 15 日与 Novarobel 公司签署的协议，福特公司已经决定终止其下属公司 Anfo 汽车公司的营业活动并且将公司的经销业务委托给 Novarobel 公司，该公司依据集体协议 32 条款承担起原 Anfo 汽车公司的特定职责。通过察明得知，福特公司是 Anfo 汽车公司的主要股东这一事实是真实无误的，不过 Anfo 汽车公司已决定停止其活动。最后，布鲁塞尔最高法院表明，在 Anfo 汽车公司与 Novarobel 公司之间无任何的协议，Anfo 汽车公司解雇了多于 3/4 的员工并给付了遣散费，也没有有形的资产从 Anfo 汽车公司转移至 Novarobel 公司，同时，Anfo 汽车公司已向 Novarobel 公司转让了其客户名单。参见 Judgment of the Court（Sixth Chamber）[EB/OL].（1996－03－07）[2012－01－10]. http：//eur-lex. europa. eu/LexUriServ/LexUriServ. do? uri＝CELEX：61994CJ0171：EN：HTML.

解释，以明确是否存在欧盟第 77/187 号指令中所包含的企业的营业转移。如果一个企业在 1987 年已经决定中止其经营活动并解散了其大部分雇员，仅仅保留了 60 余人中的 14 人，并且决定 14 人在保留他们既得利益的同时必须从 1987 年 11 月 1 日开始为一个与前企业无任何正式协议的新企业工作，但从 1987 年 10 月 15 日起新的经销商已取代了原有企业，并且如果第一个企业并未让与其任何的资产给第二个企业，那么，企业是否发生了营业转让？这个问题的本质上在于：首先，是否欧盟第 77/187 号指令的第 1 条（1）被解释成适用于一个享有特定领域经销权的企业终止其商业活动，且经销权转移至另一企业，后一企业承继了前企业的部分员工且自身被推荐给了客户，但前一企业却未转让任何的资产？其次，考虑到诉讼主体的这一事实，并且为了给布鲁塞尔最高法院提供一个有益的回应，必须确立指令的第 3 条（1）是否排除了转让方的雇员在企业转让之日反对其雇佣合同以及雇佣合同的转移？也就是说指令第 3 条（1）是否排除服务于被转让企业的劳工，于转让之日起，拒绝其劳动契约或劳动关系转让给受让人的情形？欧洲法院认为，欧盟第 77/187 号指令适用于，当一个拥有某车辆经销权并在某特定区域内从事销售的企业终止其营业活动，随即将该经销权转移至另一家事业单位，而后者接管了前者之部分员工并由前企业将其推荐给客户，而没有任何转移财产的事实。指令第 3 条（1）并没有排除在企业转让日之时，被转让企业的劳工反对劳动契约转让给受让人的情形。在这种情况下，成员国必须决定被转让人所雇佣的劳动契约的命运为何？然而被终止的劳动契约如果是因为工资片面变更的理由，指令第 4 条（2）要求成员国提供雇主对劳动契约的终止负有责任。由此可见，新旧雇主所提供的服务相同，虽然可能维持原有经营活动，但并不能推断出两个企业之间已经发生营业转让的法律行为这一结论，经营活动的同一性可能体现在其他因素，如劳动者、管理人员、工作流程的方式、营运方法等。

如上所述，欧洲法院在审理大量因企业组织形式变动所发生的劳资纠纷时，积累了重要经验，并总结了一套综合标准。欧洲法院的判决中，有关转让的判断标准大体可概括为：是否有形资产（动产、不动产）被转让出去；转让时无形资产的价值；核心劳工是否被新雇主所接收；是否大多数的劳工被新雇主接收；是否顾客关系有被转让出去；在转让前及转让后这段时间所继续的活动相似的程度；如果有暂时终止的话，这些活动暂时停止的期间有多长。从上述之综合判断标准中，可抽离出活动、资产❶、劳工及时间❷等4项判断因素。以此四项因素作为判断标准时，仍需区分四项因素中何者为主要判定条件，该条件一经出现即可认定有“营业转让”的事实出现。而其他事实的出现，则只能作为参考因素，而不能认定出现“营业转让”。借鉴欧洲法院判决中的这些素材并加以整理，进一步提炼出一套有效的判断方式，在我国当前司法实践中具有重要意义。

---

❶ 资产包括有形资产与无形资产两种。有形资产又区分为动产、不动产两种。无形资产则有商誉、顾客关系等。可从是否存在有形资产如动产或不动产被转让出去、转让时无形资产的价值、是否顾客关系有被转让出去等判定。

❷ 时间因素主要为在转让前及转让后这段时间所继续的活动如果有暂时终止的话，这些活动暂时停止的期间有多长。

第三章　企业并购的发展历程及对劳动关系的影响

第一节　企业并购的历史考察

迄今，企业并购经历了多轮浪潮。第一次变动浪潮发生在19世纪末与20世纪初期，属于资本主义从自由竞争向垄断过渡阶段；第二次变动浪潮发生在20世纪20年代后的两次世界大战期间；第三次变动浪潮发生在20世纪50～60年代的战后资本主义繁荣期间；第四次变动浪潮发生在20世纪70～80年代；第五次变动浪潮则从20世纪90年代发展至今。[1] 在上述5次企业并购浪潮中，企业并购（合并与营业转让）一直占据着其中的主导地位，企业分立虽然也作为提高内部各部门工作效率的有效方式而被企业采纳，但相较于企业并购，仍然数量较少，并且企业并购在数据的考证与市场实例研究上也占有绝对优势。因此，考察企业并购的发展在一定程度上即可反映出企业变动的历程，基于此，本书在以企业并购为考察对象，并以此折射出企业并购的一般规律及其从保护工作权的视角指导法律规制之需求。

---

[1] 参见余红涛．论中国经济转型中的企业并购［D］．上海：复旦大学，2004：5.

一、外国企业并购的发展历程

（一）美国企业并购的发展轨迹

美国企业组织发生变动的数量巨大，频率极高。在美国，企业并购的主要表现形式亦为企业并购（merger and acquisition）。[1] 美国的企业并购有其独特的条件，即企业并购多发生在经济状况处于不景气或处于经济复苏的起始阶段。政府通过颁布有利于企业并购的法令以提高企业并购的积极性。并且在现代并购中，企业取得资金的途径开始呈现多样化，利用发行股票、公司债等有价证券的方式扩大企业的资金量。这促使美国成为世界上最大的并购市场。从 19 世纪末以来，美国企业经历的历次并购热潮如下。

第一次并购热潮主要集中在 1897～1904 年，自 1883 年经济大萧条之后开始发生。企业对规模经济、市场独自占有的强烈需求以及专业提倡者的积极促成是此次并购的主要成因。并购主要发生在钢铁、石油、烟草等基本原料工业，以及矿业、化学、运输设备与机械产业。美国许多至今仍在世界经济市场上占有一席之地的企业如美国钢铁、通用汽车等都是此次并购热潮的产物。并购达成了规模经济的效果，虽然形成部分产业独占市场的情况，但也为美国带来基础建设规模的扩大及生产技术的提高，进而促进了经济的发展。此次并购在 20 世纪初逐渐冷却，1904 年

[1] 在美国历经的几次企业并购浪潮中，企业并购成为数量巨大的一类企业变动形式，占极高比例，而企业分立的数量与之相比，则所占比例甚小。因此，本书在讨论美国企业并购历程时，以企业并购的变动形式为企业为主要考察对象，企业并购的表现也可证明美国企业并购来势之猛。

股票市场的崩盘及美国国会通过《谢尔曼法案》(*Sherman Act*)[1]成为此次并购热潮的结束。随之而来的是发生在1916~1929年的第二次并购热潮。第二次并购热潮与第一次并购热潮不同，多以垂直并购为主，即许多不同产业的企业进行合并，并购热潮主要发生于公共事业、银行业、食品业、矿业及化学业等产业，并开始出现大型财团。此次并购中的代表性优秀企业主要有IBM、General Motors等。第二次并购主要起因于企业为了独占市场的利益，针对产品的扩充、传播业以及运输、销售业的发展，以及股票市场的复苏而进行。此外，铁路及汽车业的蓬勃发展使企业联系更频繁，收音机的出现使企业的广告宣传更加顺畅，这都加速了市场的竞争性与经济的发展。此次并购热潮因1929年美国股市的崩盘及随之而来的经济大萧条而结束。第三次热潮并购则发生在1965~1969年。“二战”后，世界经济开始复苏，美国出现了第三次并购的热潮。此次并购主要为集团式并购，由大企业并购小企业，并对产业无特定限制。导致此次并购热潮的原因主要在于集团化竞争的优势可避免获利的不稳定性。此外，企业规模的扩大，使得企业进一步通过股票等证券来取得资金，并因此产生了管理科学。随后，美国通过的《税收改革法案》(*Tax Reform Act*)[2]促使第三次并购热潮基本告终。第四次并购热潮发生在1981~1989年。经济基本面的发达、市场的全球化及股票市场的繁荣、反托拉斯政策执行的放松等是导致此次并购潮的主要原因。此次并购热潮中开始出现敌意式并购。与强势方式并购所占比例相比，并购的金额占了很大的比例。最后，此次并购热潮因

---

[1] 《谢尔曼法案》是美国最早的反托拉斯法。该法禁止任何托拉斯形式的合并案以杜绝垄断，旨在对抗美国经济19世纪末期的“商业合并”。直至今日，它仍然是美国现行反托拉法的基础。参见［EB/OL］.［2012-02-01］. http://atg.wa.gov/antitrustguide/Chinese.aspx#4A.

[2] 美国《税收改革法案》使企业并购在会计上的好处逐渐消失。

法令出现修改以及法院对并购案的不利判决而结束。最后一次并购热潮发生在1992年以后。这次并购热潮与第四次并购热潮的最大不同在于策略式并购增多，而敌意式并购减少。药品、医疗器材、金融及传播业等都是并购的主要领域。同时，经营方式的国际化导致国际并购开始大范围出现。这一时期的并购降低了企业成本，使企业的国际竞争力增加，并至今仍在持续发展。

（二）欧洲企业并购的发展轨迹

在考察欧洲企业并购的发展轨迹过程中，本书仍然以占数量最多的企业并购行为为例。“企业并购活动在早期的欧洲并无受到任何限制，主要是因为第二次世界大战结束后，欧洲各国经济均亟待振兴，各国政府对于企业进行并购均予以鼓励，甚至成立专门机构协助企业进行并购，并设立基金提供企业融资申请。而欧洲共同体成立未久，无法统合各国间之法令、制度、文化等差异，使欧洲共同体仅能以放任方式来鼓励各国之企业进行并购，使欧洲企业并购活动过于活络。”❶“欧洲企业一直都是美国企业进行并购的主要目标，原因在于欧洲共同体在过去对其会员国所进行的并购活动较无管制，加上语言及文化差异较少等因素。调查资料显示，1988年欧洲共同体各国向外国进行的企业并购交易件数超过1300件，并购总金额高达639亿美元。欧洲共同体以外的欧洲国家于同一时期并购欧洲共同体之会员国的企业超过750例，并购总金额高达300亿美元。”❷ 1989年前后因为东欧变动、区域经济与货币整合，企业开始借由并购进行垂直整合及水平整合，提升生产效率与扩展行销道路。1997年欧洲企业并购总金额超过2800亿美元，较1996年之2650亿美元，增加了150

---

❶ 陈希沼．台湾地区企业合并策略之研究［M］．台北：环球经济社，1981：24.

❷ 张朝栋．企业跨国并购法律规范之研究［D］．台北：东吴大学，1993：100.

亿美元。❶ 欧洲共同体及各成员国为了使企业并购步入正轨，实现有法可依，开始陆续颁布各种法律规定。最具代表性的如德国股份有限公司法、企业组织变更法等立法。

二、我国企业并购的发展脉络

在我国，自市场经济体制逐渐建立后，企业并购便成为企业缓解亏损的一种有效方式。以并购为例，据有关部门统计，累计至 1989 年底，我国的 25 个省、自治区、直辖市和 13 个计划单列市共有 6226 家企业并购了 6966 家企业，资产转移金额为 82. 25 亿元。共有 4095 家企业因并购而减少亏损，减少亏损的金额为 5022 亿元。在 1989 年中国共有 2315 家企业并购了 2559 家企业，资产转移金额达 20. 15 亿元，❷ 这些并购主要集中在小型企业之间，大型企业并购的情况并不多见。为了进一步实现规模效益，提高产业集中度，国内的许多重要行业也出现了大规模并购。国务院于 2010 年 8 月 28 日发布了《关于促进企业兼并重组的意见》。该意见明确指出“推动优势企业实施强强联合、跨地区兼并重组、境外并购和投资合作”，从政策层面给予指导和支持。不过需要指出的是，与之前相比，今后的并购应当有更丰富的内涵，并应呈现出多重特点。正如诺贝尔经济学奖得主斯蒂格勒所言：“纵观美国著名大企业，几乎没有哪一家不是以某种方式、在某种程度上应用了兼并、收购发展起来的，几乎没有一家大公司能主要依靠内部扩张成长起来。”❸ 中国也不例外，并购一直是近年来中国企业加速扩张的主要手段。2009 年，国内大

---

❶ 参见刘治杰. 企业购并对目标公司评价方法之研究［D］. 台中：东海大学，1998：9.

❷ 毛发青，李秀玉. 中国企业兼并特质分析［J］. 中央财经大学学报，2008（9）：68.

❸ 转引自赵炳贤. 资本运营论［M］. 北京：企业管理出版社，1997：169.

型企业之间共发生了50多起并购；2010年，钢铁、汽车、煤炭、水泥、有色金属等行业发生了多起重要并购，并购数量高达622起。❶ 而在欧债危机对全球并购市场产生影响的2011年，中国的并购市场并不萧条，活跃度及并购金额创下6年来新高，实现了火爆增长的态势。在2011年，中国并购市场共完成了1157起并购交易，其中有985起披露了并购价格，总金额达到669.18亿美元。与2010年相比，同比增长高达86.0%，并购金额同比增长92.3%。❷

我国的企业并购呈现出以下两个特色：第一，中小型企业出于压力，不得不进行并购，以作为解决问题的方式。目前，一些小型家族企业因遭遇营业困难而进行并购与被并购，与美国早期的以垂直整合与水平整合为目的的并购相比有一定的相似性。第二，为提高竞争力而进行并购。随着国内并购案件以及国际化大型并购案数量的增多，许多不同产业的企业出现大量并购，借此增强自己力量以面对外来的强大竞争压力。与此同时，并购的方式并不仅局限于国内企业与企业间的并购，许多国内现有企业与外国企业进行并购，这也成为外国企业在我国扩大行销通路、用最短时间成本进入我国市场的有效方式之一。

我国台湾地区的第一件并购案为1955年东亚电器厂与四家小型电器厂合并为“中国电器股份有限公司”，但是企业并购的情况仍不多见。自1981年起，企业并购案的件数及规模开始逐渐增加，但是大多数的并购案为关系企业的合并。第一件收购国外企业的案例为1987年宏碁公司收购美国康点公司（Counter

---

❶ 如2001年华能国际与山东华能高达60亿元的合并；中国移动（香港）兼并8个省市的通信网络公司，涉及金额高达800亿元；汽车行业的行为集中程度高达70%左右，与20世纪80年代的34%相比，提高了1倍多。

❷ [EB/OL]. [2012-01-31]. http://msn.finance.ifeng.com/stock/zqyw/20120131/1097184.shtml.

Point Inc.)，直至1999年才开始企业并购的热潮。1999年以后受到全球并购的影响，联电、台积电、元大证券、奇摩等台湾大型企业陆续完成了并购，以此方式来提高企业竞争力。台湾地区于2000年12月13日公布施行“金融机构合并法”，2001年7月9日公布“金融控股公司法”，2002年2月6日公布“企业并购法”等，均规范了台湾企业并购的环境。根据台湾地区有关主管机构统计资料显示，“企业结合”[1]的件数有日趋增加的趋势。从1997年的535件增长至2001年的1087件，平均每年都有超过900件以上的个案，主要集中于金融业及零售业，金融业主要为银行、保险公司、证券商之整合；零售业主要为业务控制型之结合，包括统一超商、全家便利商店、莱尔富等大型连锁便利超市透过特许或加盟的方式产生结合。另外，跨国并购及大型企业的并购案也有逐渐增加的趋势，显示我国台湾地区的企业并购风潮已经展开。[2]

第二节 企业并购对个别劳动关系的影响

一、劳动关系判定方式的突破性尝试

对工作权进行保障的基础是雇主与劳动者所形成的是受劳动法保护的劳动关系。如何对劳动关系进行判定是当前劳动法面对

[1] 关于企业结合，我国台湾地区“公平交易法”第10条规定：“本‘法’所称结合，谓事业有下列情形之一者而言：一、与他事业合并者。二、持有或取得他事业之股份或出资额，达到他事业有表决权股份或资本总额三分之一以上者。三、受让或承租他事业全部或主要部分之营业或财产者。四、与他事业经常共同经营或受他事业委托经营者。五、直接或间接控制他事业之业务经营或人事任免者。”也就是说，这里的结合，是包含合并、收购等形式的总称，换句话说，并购即为“公平交易法”中所称结合的一部分。

[2] [EB/OL]. [2011-01-05]. http://www.ftc.gov.tw.

的理论与现实难题。“当今世界，劳动雇佣与就业形式日益灵活化、弹性化，非典型劳动关系大量出现，导致界分职业劳动关系与民事劳务关系的法律界线也日益模糊，传统‘从属性’之判定标准也暴露出明显的局限。在这种情境下，探讨劳动关系的判定标准问题就不仅仅是具有学术意义的理论问题，更是一个具有实践价值的现实难题。”❶ 一般言之，在劳动关系的判定上，可以采取两条路线：一条是主体性判断路线，另一条是内容性判断路线。主体性判断路线从判定给付劳动的一方是否为“劳动者”即是否具有“劳动者”性入手，进而判定所形成的社会关系是否为劳动关系。这种判定模式以德国和日本为代表。德日两国通过如何定义“劳动者”来间接认定劳动关系。在日本，《关于劳动基准法的“劳动者”判断基准》的研究报告❷提出了 8 条主要认定因素❸，采用多种考量因素综合判定“劳动者”性。同样作为大陆法系的德国，在此方面却略有不同。虽然德日两国在判定劳动关系的问题上，都坚持以劳动者“从属性”为基础，但二者的主要区别在于，日本将“经济从属性”与“人身从属性”相结合制定出了相关判定标准，德国却在认定劳动者的标准上，主要考虑的是“人身从属性”。“德国司法判决与理论界的主流

---

❶ 冯彦君．论职业安全权的法益扩展与保障之强化［J］．学习与探索，2011（1）：109.

❷ 此报告为 1985 年 12 月 19 日发表，随后在此基础上，日本又发表了 1996 年报告，对建筑承包零工和演艺工作者展开了进一步论述。

❸ 8 条具体的判断基准为：（1）对从事和依赖的工作的指示，是否有承诺的自由；（2）工作中有无指挥监督；（3）工作地点、时间有无拘束性；（4）有无劳务提供的代替性；（5）有无报酬与劳动的等价性；（6）有无经营者的性质，具体来说就是机器、用具的所有关系；（7）专属性的程度；（8）其他如选拔录用的过程、所得税的事前扣除、劳动保险、劳动管理规划、退休金制度等。8 项标准中，前 5 项为主要基准，后 3 项为补充要素。参见：田思路，贾秀芬．契约劳动的研究：日本的理论与实践［M］．北京：法律出版社，2007：82－83.

学说均将人身从属性视为从属性的决定性标准”,[1] 同时将一些特殊的虽不具有人身从属性，但是具备经济从属性的群体视为“与劳动者类似的人”[2] （Die Arbeitnehmerähnlichen Personen）。在德国的司法实践中，法官通常将以下几类职业者作为“与劳动者类似的人”：艺人和作家、商业培训机构中的教师、成人教育教师、电视台记者、律师、IT 工程师、加盟商、无线电收听费的征收人。[3] 德国劳动法认为“与劳动者类似的人”存在与劳动者相同的被劳动法保护的必要性，因此对“与劳动者类似的人”与典型劳动者一样给予劳动法上的保护。

内容性判断路线则是以劳动关系为基点的直接性判定。这种判定模式的特点是，以制定相对完善的判定体系来审视一种社会关系是否可判定为劳动关系，进而施以劳动法上的保护。其以英美两国为代表。在劳动关系判定标准求索的进程中，最初使用的“受控制标准”（Control Test）[4] 与“企业一体化理论”（Organization Test）[5] 已显现出明显的不足。在这种情境下，一种新的判定模式——“多因素测试法”（Multiple - factor Test）[6] 应运而生。这种判定方法将判定劳动关系的标准细化为若干检测指标，

---

[1] JUNKER A. Grundkurs Arbeitsrecht［M］. München：C. H. Beck，2010：52.

[2] “与劳动者类似的人”是一个特殊的群体，其本身不是劳动者，与劳动者相比在人身独立性的程度上相对较高，却与劳动者一样，均受劳动法调整。

[3] TSCHÖPE U. Anwalts - Handbuch Arbeitsrecht［M］. Köln：Verlag Dr. Otto Schmidt KG，2009：Para. 61.

[4] 所谓的“受控制标准”，是指劳动者的工作越是在受控制下进行，其与资本所有者形成的社会关系认定为劳动关系的可能性就越大。

[5] “企业一体化理论”是为弥补“受控制标准”之不足而诞生的，适用企业一体化理论的典型案例为 Cassidy v. Ministry of Health（1951）与 Stevenson，Jordan and Harrison Limited v. Macdonald and Evans（1952）Lord Denning。

[6] 多因素测试法是从 Ready Mixed Concrete（South East）Ltd v. Minister of Pensions and National Insurance（1968）［商品混凝土（东南亚）有限公司诉国家养老保险部］一案中发展起来的，审理该案的法官 Cooke 面对当时劳动关系认定标准的困境，开始采用了多因素测试方法.

对社会关系进行测试并进行综合分析，借此判定一种社会关系是否为劳动关系。英国司法实践至今仍适用此标准进行劳动关系的判定。

我国也有一些学者基于主体性判断来定位劳动关系，不过关于劳动者概念的界定尚未达成共识，并且文章较少论及，只是在教材中多有涉及，❶ 但大多未对主体性判断标准作出详细的阐释。司法实践较多采用内容性判断路线，即适用从属性判断标准来判断劳动关系。但遗憾的是，关于“从属”与“独立”的界线却一直难以界分，多有混淆。事实上，从属性在劳动关系判定中只能作为一项重要的考量因素，但却不是唯一的判定标准。实践中，合同形式日渐多样化，合同性质不确定性和模糊性增强，且常常难于探究当事人的真实意思表示，这对劳动关系的正确判定造成了很大的疑难与困惑。面对这种现实，单一的劳动关系判定标准已无法满足社会的需要。如此，应该尝试突破一些成文法的界限，“在实践中摸索出一套调整这些利益并使之适应互相冲突和交叉的利益的方法”❷，应摒弃固守某一标准，遵循劳资关系发展演变的客观情况探索确立新的测试体系。这个测试体系以从属性作为基础，兼及对个案的具体分析，综合考量以下因素：是否有权利选派为自己工作的个体；是否有权利解雇所雇人员；劳动力是否具有专属性与排他性；劳动力与报酬是否具有等价

---

❶ 有的学者认为劳动者是指现代产业社会的劳动关系中受雇于他人，以劳动工资收入为基本的生活来源的体力或脑力劳动者。参见常凯．劳动关系·劳动者·劳权：当代中国的劳动问题［M］．北京：中国劳动出版社，1995：16. 有的认为劳动者是按照法律和合同的规定，在用人单位管理下从事劳动并获取相应报酬的自然人。参见董保华．“劳工神圣”的卫士：劳动法［M］．上海：上海人民出版社，1997：80. 还有的学者认为“劳动者有广义与狭义之分，其狭义仅指职工。职工亦有广义与狭义之分，劳动法意义上的职工是指狭义职工，即具有劳动权利能力和劳动行为能力、并且已依法参与劳动法律关系的公民。”参见王全兴．劳动法［M］．2 版．北京：法律出版社，2004：78.

❷ 庞德．法理学：第三卷［M］．廖德宇，译．北京：法律出版社，2007：180.

性；工资支付方式的定期性；工作环境、工具或设备的提供方；是否服从工作指令以及服从程度。除此之外，还需参考以下几项检测指标：工作的义务是否来源于雇主；劳动者所做的工作是否属于公司的一般经营性业务；订立合同时双方所使用的词汇；双方是否具有订立劳动合同的意思表示等。事实上，以上列举的诸因素，每一个因素自身所占有的份量都是很小的。如果把劳动关系看成一个整体，那么每一个因素都构成认定上的组成部分，但并非每一个组成部分都是劳动关系构成的充要条件。倘若将以上诸因素编成序号，那么则有多个排列组合方式。一种社会关系被认定为劳动关系，可能符合所有要件，也可能仅符合其中几个要件。在实践中，不能以条件符合的数量作为判定劳动关系的最终标准。在这样的一个测试体系中，符合条件的数量并不说明问题，我们也无法确定判定劳动关系必须满足条件的固定比例。唯一可以信任和依赖的是：应以一个普通人的角度与一个法律人的专业素养凭借常识与经验判定一个具有劳动给付性质的社会关系是否为劳动关系，而为劳动法所调整。[1]

二、企业并购对企业自身的影响

企业为了追求规模经济、垂直整合及掌握行销市场、促使资本流动及所有权重新组合等目的，发生了组织的变动。企业并购使得资方与劳方均面临许多新出现的问题。资方面临的是组织体系上人力资源的重新安排与整合问题，而劳方面临的是工作权是否丧失以及劳动条件的不确定性问题。企业的组织形式变化，通常涉及两个或两个以上主体。主体数量的多样性直接影响原企业的经营性质、企业文化以及制度规范等。企业组织形式的变化应

---

[1] 参见冯彦君，张颖慧．劳动关系判定标准的反思与重构［J］．当代法学，2011（6）：92－98.

尽量避免这些差异，并对所产生的弊端修补、协调，使双方更为一致化。这样才有益于人力、资源、设备、计划等方面的分享与运用，尽力追求最大的综合效益。综合考虑，企业并购对企业主要产生以下几种影响。

（1）组织的重新架构。“企业并购后整合的目标为创造价值，亦即发挥预期的综效，而将生产、行销等营运作业及财务加以整合，以创造经济优势。通常企业在并购后初期，并购公司仍保留被并购公司某些作业之独立，待经过几年，由于双方的了解或业务的相关性增加，或因其他因素才进行整合。理由是为避免突然的变动，而令人感到并购公司之独断的想法。”[1] 而对于企业分立，则指一企业分割为两个或两个以上的企业，对于雇主而言易造成组织架构重整的效应。但同时，企业分立为企业经营专业化、企业规模缩小提供了最佳方式，可使企业达到最初的预期目标。

（2）企业文化改变。“企业并购有诸多之好处，但并购公司的着眼点常常在财务方面，太过注重资产即股权的取得，反而低估了文化差异及文化冲突于并购后所造成的影响程度。”[2] 国外有研究指出，“企业并购有二分之一至三分之一的失败，主要原因在于员工不能互相了解，造成文化冲击。而这种文化冲击的形成，是因为企业并购后造成双方组织文化的动荡。如何协调这些组织文化，则成为并购中最为复杂的部分。如此问题处理得不够谨慎，则必然会使得企业的紧张程度增加，并演变为冲突，进而造成并购后人力资源管理中最不易处理的困难。”[3] 当两企业的

---

[1] 柳焰宏．企业并购与员工权益保障问题之研究［D］．台北：台湾中国文化大学，2000：19－20.

[2] 薛胜夫．企业并购型态、人力资源管理措施与组织绩效之关系［D］．中坜：“中央大学企业管理研究所”，2000.

[3] London M. Change Agents：New Roles and Innovation Strategies for Human Resource Professionals［M］．San Francisco：Jossey－Bass，1988：25－26.

文化可以相容时，则可以避免因文化的不相容而产生的文化对立、分离与文化混淆，避免与原企业组织完全不同的新文化。这容易造成留用员工的工作情绪低落，甚至因为文化的迥异而离开。从另一侧面来讲，企业组织的变化，将产生一些功能与责任的重叠。直接的后果是某些职位的精简，即裁员或解雇现象的发生。若对员工予以留用，企业文化的改变也可保证企业员工的稳定性，降低员工的离职率，取得企业员工的认同。

（3）管理层与管理制度的改变。“企业并购后，公司结构的改变是不可避免的，这种改变包括管理阶层、主要的工作人员、工作地点、解雇的出现以及组织结构的重整。企业员工必须适应在新企业中的新角色与新的价值观，并重新建立人际关系，建立新的工作方式。”❶ 并购后企业的主要管理课题是如何有效地控制原企业。最直接的方式就是主管由并购公司派人担任，这样可以进行直接的人员控制。所派人员须具备专业素质与管理能力，否则可能造成人员的流失与其他负面影响。与管理层并行的是管理制度的改变。企业并购时大部分采取“组织顺向整合”（Organization Forward Integration）❷ 与“组织逆向整合”（Organization Backward Integration）❸ 方式。管理制度因企业并购而发生改变，同时使企业员工因此面对工作内容改变、工作地点更换、薪酬及奖金的变化及组织内地位、职权及影响力的改变等，这些变动均会影响其企业员工自身利益的得失。

---

❶ DANIEL T A. Between Trapezes: The Human Side of Making Mergers and Acquisitions Work [J]. Compensation and Benefits Management, 1999, 15 (1): 23 – 24.

❷ 组织顺向整合是指被并购企业配合并购企业全力作出改变，也可以理解成卖方配合买方。

❸ 组织逆向整合是指并购企业配合被并购企业全力作出改变，也可以理解成买方配合卖方。

三、企业并购对劳动者的影响

“在资本主义的自由经济体制中，优胜劣汰乃不可避免之竞争法则。当事业主无法继续经营其事业，或为了变更组织形态以调整其经营规模时，往往将其事业单位转让与他人。事业主一方面为事业经营者，另一方面为劳动契约之当事人。于事业单位转让时，不仅产权关系发生变动，劳动契约也势必随之发生变动。而劳动契约如何变动？是否终止？或是否继续维持？不仅与劳工之利息息相关，同时也关系到新旧事业主之利益。”[1] 对于劳动者而言，企业的组织变动属资方的单方行为，是否变动及如何变动均取决于资方的决定，劳动者表达自己意愿的力量极其薄弱。因此，劳动者在资方进行企业并购的过程中，相关权利容易受到损害。如企业滥用解雇权，劳动者遭受无理解雇；或劳动者因为企业的变动遭遇劳动条件的不利益变更等。此外，因企业主体的变化导致劳动合同有无继续存续的效力、原合同双方当事人地位是否变动，以及劳动者薪资福利、年资问题与职务调动等也成为劳动者需面对的重要问题。具体而言，企业组织的变动对劳动者产生如下影响。

（1）解雇裁员。企业并购对劳动者产生的多方面影响之一即为企业的解雇行为。从经营弹性的理论来讲，变动后的企业自然会出于多方考虑改变经营策略。如果企业出于人事的精简或者新企业对变动后的企业人事分配有了新的计划与措施，而不愿意继续留用原企业所雇佣之劳工，也是合乎逻辑的。从这点考虑，企业也就不可避免地出现了对原企业劳动者的解雇行为。而当企业以追求规模经济为动机发生组织形式的变动时又会产生如下效

---

[1] 林炫秋．事业单位转让与劳动契约之变动［J］．政大法学评论，1999（62）：256.

应：如新企业与原企业的业务差距较大，生产技术与生产线均变动较大；或企业的整合是处于企业生产过程的不同阶段，处于各水平线的企业各方关联性不强，导致重叠性相对较小。因此，在这种情况下，新企业若想继续维持原有生产，须依赖原企业的管理体系与技术人员。企业虽可能解雇员工，但从企业员工的工作权持续来看，所受影响相对较低。与上述情形相反，当变动后企业与原企业之间有技术上的相似性、生产线及产品的相似性乃至顾客群的相对稳定性时，变动后的企业对变动前企业的依赖性降低。此时会对劳动者产生较大影响。变动前后企业员工的编制整合对企业来说至关重要。这种编制整合直接影响到劳动者工作权的持续，很多企业主采用解雇裁员的手段解决问题，导致这部分劳动者面临再就业的挑战。

（2）工资及福利的变化。工资是企业员工赖以生存的物质性保障，是企业员工个人及其家庭成员赖以生存的经济基础。员工工资及福利状况的改变是企业并购后对企业员工的又一重要影响。企业组织形式变化导致企业管理制度、运营政策等制度的变化，这直接导致了企业工资制度的调整。企业在组织形式变动后，为了更好地传达新企业的文化及运营策略，根据新企业的绩效、文化及留用人员需求等废止原工资制度，制定新的企业工资薪酬制度。或者在维持原制度不变的情况下，有针对性地根据新企业的实际情况制定出一套改善措施，以利于新企业的发展。

（3）调动。调动又称调职，“是企业主对员工人事配置上之变动，系企业人事管理、运作上之颇为常见的现象，通常同时带有职务内容或工作场所之变动，且此人员配置之变动亦须系具有一定之相当时期的持续性始可，若是基于临时性或短期性之特定需求，而派令劳工前去支援或出差，则应非调职问题。”❶ 简单地说，调动是企业人事管理上的重要手段，它既可以因为表现优异而对员工进行提拔，也可因表现较差而对员工进行降职。同时，当企业有人员调度的需求，也可以发生调动的情形。当企业组织形式发生变动，企业内部的工作职务、职务的位阶或职务的地位都可能随着企业营业权的改变而发生变化，人力的配置也随着企业主体的变化而变化。这必然造成企业主对员工在转让前企业中的工作资格进行重新评测，而将评测后的结果作为新企业的任职条件，劳动者的调动也就在所难免。

（4）年资计算方式的变化。我国劳动法上虽然没有“年资”❷ 的概念，但是年资在实际经济生活中同样起着重要作用。对于年资的认定，关系到企业员工的退休金、升职、休假等权益。在此，企业并购直接影响着如何处理年资的计算方式。年资的计算式有两种：一种为承认年资，另一种为重新计算。而企业并购中的员工的年资如何计算，直接影响到员工的升迁快慢、退休金多少、休假时间长短、资遣费高低等。因此，企业并购导致的年资计算方式上的变化对企业员工会产生极大的影响。❸

第三节　企业并购对集体劳动关系的影响

企业并购不仅影响着个体劳动关系，也影响着集体劳动关系

---

❶ 邱骏彦．调职之法理运用［J］．辅仁法学，1995（6）．转引自：黄程贯．劳动法［M］．台北：空中大学，2001：460－461．

❷ 美国在保障劳动者在企业并购的过程中，十分重视“年资”这一概念。美国利用考量年资来决定劳动者是否有资格获得某项权利与获得哪几项权利，同时雇主可以其为标准，衡量各劳工的相对地位。也就是说，一方面，劳动者对企业的贡献越大，劳动者所享有的权益越多，贡献与权益是成正比的；另一方面，雇主以此为考量标准，可以彰显其内部政策的公平与公正性。

❸ 我国虽然没有年资的概念，但经济补偿金的计算方式与年资极其类似，也受企业并购的影响。

中的工会规模和组织力以及集体合同的效力存续问题。首先，企业组织形式变动后，如何确保工会的规模及其作用的发挥，在集体劳动关系中占有重要地位。这是由工会的特殊地位决定的。工会的意义乃是："在自由的市场经济体制下，劳工面对资方的经济强势，唯一的对抗力量来源是劳工人数的众多，但是这一由劳工众多人数所可能产生的力量，却会因为个别劳工之间的竞争而无法形成。而工会之所以必须组织起来，正是要降低、消除个别劳工之间的相互竞争。工会就是要把劳工团结起来，集结在工会之内，靠着团结，累积劳工的人数，即会形成并提升劳工与雇主进行协商与议价的力量，唯有如此也才能保障劳工得以享有较为公平的劳动条件。"❶ 如果企业组织形式的变动使得企业管理层及管理方式发生变革，企业内的工会就会面临解散、维持或进行重组等多种处理方式。工会的存续与工会干部的资格与会员人数也都会受到资方关于人事调整的指示权的控制。而一旦工会的力量因企业并购被削弱，企业员工与企业主进行协商与议价的相抗衡力量也同时被削弱，工会的作用便无法发挥，从而导致保障劳动者在较为公平的劳动条件之下进行工作的目的沦为空谈。

其次，集体合同的效力存续问题也是考量企业并购影响集体劳动关系的重要方面。集体合同是企业一方与工会或职工代表经过团体协商所签订的，集体合同涉及范围广泛，涵盖的契约条款包括工作时间、休息休假、劳动报酬等事关劳动者切身利益的基本事项。企业组织形式的变动必然导致集体合同当事人一方即雇主的改变。因此，集体合同的效力存续问题即浮出水面。集体合

---

❶ 参见 MAX K，ENGELS F. Gewerkgenossenchaften. ihre vergangenheit, Gegenwart and Zukuft [M] // Institut für Marxismus – Leninismus beim Zentralkomitee der SED. Marx und Engels – Werke：Bd. 16. Berlin：Diez，1866：S. 196 – 198. 转引自黄程贯. 劳动法 [M]. 台北：空中大学，2001：189.

同是否由并购后企业概括承继？工会或职工代表与原企业签订的劳动合同是否对并购后企业产生约束力？并购后企业引进新技术，制定解雇规则，对劳动力的配置进行调整，改变薪酬福利以及制订新的生产计划等是否受到并购前集体合同的制约？这一系列问题若无恰当的解决之道，则必然产生劳资关系对抗加剧的负面效果与混乱的局面。集体合同的机能与优势也就丧失殆尽，并且有违其立法初衷。

第四章　国外立法对劳动者保护的策略

第一节　指令性文件：欧盟保护劳动者的基础性文件

一、欧盟指令性文件的概述

欧盟（European Community）是西欧国家为推行欧洲经济、政治一体化所成立的具有一定超国家机制和职能的国际组织。欧盟为适应经济组织的全球化和欧洲内部大市场的形成，制定了一系列的立法规定，以应对跨国间的企业并购所引起的劳动者工作权保护问题。欧盟没有统一的劳动法典，应对此问题的规定主要集中于几个重要指令性文件中，即第77/187号指令（77/187/EEC）[1]、第94/95号指令（94/95/EC）、第98/50号指令（98/

[1] Council Directive 77/187/EEC of 14 February 1977 on the approximation of the laws of the Member States relating to the safeguarding of employees' rights in the event of transfers of undertakings, businesses or parts of businesses [EB/OL]. [2010-11-12]. http://eur-lex.europa.eu/LexUriServ/LexUriServ.do?uri=CELEX:31977L0187:EN:HTML.

50/EC)❶、第2001/23号指令(2001/23/EC)❷、第75/129号指令(75/129/EEC)以及第80/987号指令(80/987/EEC)。其中,解决企业经营的全部或者部分转让所引发的劳动者权利保护问题主要有第77/187号指令、第94/95号指令 、第98/50号指令、第2001/23号指令4项指令。上述4项指令之间的立法精神与内容具有一致性,均旨在解决由于企业将营业的全部或部分转让给他人引起企业结构变更,从而引发劳动者工作权保障的问题。4项指令中,最先通过的是第77/187号指令,这一指令是企业转让劳动者的保障性指令。随后,欧盟法院以此为基础并通过判例对于此类劳资纠纷中有关劳动者保护问题的条款进行了部分修正。同时基于明确与合理化的理由,以第77/187号指令为基础,承继该指令精神,分别于1994年增订第94/95号指令,1998年增订第98/50号指令,2001年增订第2001/23号指令(此3项相对于第77/187号指令,可统称为企业转让劳动者保护的修订指令),并且同时废止了第77/187号指令的内容。之后增订的第98/50号指令与第2001/23号指令内容上近似,只是在条文的排列上有所差异。而上文所提到的第75/129号指令与第80/987号指令虽然与企业组织变更有关,但其涉及的问题分别是集体裁员时和企业宣告破产时劳动者保护问题,不属于本书的确定范围。

“1962年至1970年期间,在欧洲经济共同体❸的6个原始成

---

❶ Council Directive 98/50/EC of 29 June 1998 amending Directive 77/187/EEC on the approximation of the laws of the Member States relating to the safeguarding of employees' rights in the event of transfers of undertakings, businesses or parts of businesses [EB/OL]. [2010-11-12]. http://eur-lex.europa.eu/LexUriServ/LexUriServ.do?uri=CELEX:31998L0050:EN:HTML.

❷ Council Directive 2001/23/EC of 12 March 2001 on the approximation of the laws of the Member States relating to the safeguarding of employees' rights in the event of transfers of undertakings, businesses or parts of undertakings or businesses [EB/OL]. [2010-11-12]. http://eur-lex.europa.eu/LexUriServ/LexUriServ.do?uri=CELEX:32001L0023:EN:HTML.

❸ 此阶段处于欧盟的前期,即欧洲共同体时期。

员国中，企业并购的案例从每年 173 个提高到 612 个。此现象表明，欧洲企业并购的数量在此期间，以 3.5 倍的速度在增加。”❶欧洲共同体面对因欧洲产业的发展导致企业并购现象快速增加的现状，于 1977 年制定了“企业转让（劳动者权利）指令”[*Business Transfer*（*Employees' Rights*）*Directive*]，即第 77/187 号指令。此时，欧洲经济共同体的成员国对企业并购而产生的劳动法与劳动者权益保护问题，已经在民法或商法领域有所规范，但欧洲经济共同体认为，为了缩小成员国之间对于劳动者保护力度的差距，在共同体的层面上建立共同的法律框架对其予以规范，是有一定必要性的。在转让后，若使劳动者在法律上有权利主张原雇佣关系持续有效，保障劳动者基本权利和利益，即第 77/187 号指令规定：“雇佣关系❷自动地从企业转让人转至企业被转让人，即从原有旧雇主转移到新的雇主；对于因企业并购而导致的解雇，应对劳动者实施保护；有信息披露的义务，并与劳动者代表进行磋商，交涉有关劳动者的相关权益。”❸

第 77/187 号指令实施 17 年后，该指令在一些领域开始显示出功能的不足。欧盟随之提出了对其进行修改的第 94/95 号指令。“根据欧洲联盟促进生活以及劳动条件相关委员会统计，各会员国境内最初只有 51 个自愿性协议的存在，1995 年已经签订

---

❶ HUNNINGS N M. ECC – Business Transfer（Employees' Rights）Directive 1977，25years – European Social Charter［M］//EEC Employment Cases：Vol. 2. Holland：Kluwer Law and Taxation，1988：407.

❷ 雇佣关系、雇主、雇员均为翻译英文文献时之称谓，虽在概念的内涵与厘定上，对其与我国劳动法上的劳动关系、企业（用人单位）、劳动者是否完全对应还存在着一定的争议，对此研究也在继续，但本书旨在将其视为一种法律关系及特定类群体的称谓，因此可将雇佣关系、雇主、雇员与劳动关系、企业（用人单位）、劳动者暂作同一意义上之理解。

❸ HUNNINGS N M. ECC – Business Transfer（Employees' Rights）Directive 1977，25years – European Social Charter［M］// EEC Employment Cases Vol. 2. Holland：Kluwer Law and Taxation，1988：408 – 409.

了90个协议，并且多数协议促成了定期性的会谈，有少数协议甚至涉及企业经营成本等机密性问题的讨论，并且进行了记录。”[1] 此后，1998年，欧盟又作出了第98/50号指令，该指令是对第77/187号指令的修正，其制定目标和立法意图与第77/187号指令、94/95号指令相同，皆以保障劳动者权利为立法目的，并同时强化了对于新旧企业的信息告知义务。最重要的一点是，第98/50号指令完全取代了第77/187号指令的规定。这一指令的通过，使第77/187号指令的全部内容得到了基本修正。为了使指令更加清晰化与合理化，缩小欧盟成员国间对劳动者保护的差距，2001年欧盟对第98/50号指令进行了再次修正，即第2001/23号指令。在该指令通过后，该77/187号指令与该98/50号指令彻底失效，并由第2001/23号指令代替。迄今为止，欧盟对企业并购过程中劳动者的权益保护问题，仍执行该指令。

二、欧盟指令性文件的适用范围

欧盟不是单一的国家，具有复杂的综合性。因此欧盟在处理企业组织形式变动的问题上充分尊重每个成员国的国家立法。欧盟的指令是成员国制定本国法律以保障雇员利益的最低标准。各成员国在实际的司法判例中，立法的界线仍存在差异。但原则上，欧盟认为差异应逐步缩小。欧盟以成员国的本国法律规定为前提，进而制定共通的法律规范。如劳动者的界定与劳动合同是否存在的判定问题是由欧盟各成员国的本国法所决定的。是否受到欧盟指令的保护取决于是否为欧盟成员国本国现行劳动法中所界定的劳动者。只有符合这一条件，并处于企业组织形式变动之中的雇员，才是欧盟指令的保护对象。

---

[1] Information and Consultation of Employees – Review of Pre directive “Agreements Currently in Place” [EB/OL]. (2008 – 01 – 03). https://europa. eu/european – union/indes_ en.

关于欧盟指令的适用范围与管辖权在各个指令中有明确体现并在不断扩大与细化。第 77/187 号指令第 1 条规定以欧盟各成员国为界线，除海上运输外，适用于由于法律意义上的转让或法律意义上的合并，而使得企业营业的全部或者营业的部分转让给另一个雇主的情形，包括企业合并、企业营业全部或部分转让，或是由第三人接管该企业。

第 94/95 号指令在适用范围上进行了扩大，阿姆斯特丹欧洲理事会使欧共体的指令扩张到英国。英国在 1995 年 12 月 15 日之前，也适用欧共体第 94/95 号指令，此外，包括欧盟 15 个成员国与欧洲自由贸易联盟（EFTA）2 个成员国在内的欧洲经济区（EEA）❶，都包含在第 94/95 号指令的适用范围内。同时，在企业及其人员的适用范围上，该指令既适用于私经济领域，也适用于公经济领域，也就是说适用于民营或者公营的一切企业（undertaking）。关于何谓企业，指令中并没有明确的定义，但是指出企业即指公司（母公司或子公司）、工厂或任何形式的经济性实体（Economic Entity）。随后的第 98/50 号指令对企业转让的形式作出了扩大化修订，即取代了第 77/187 号指令所规定的仅适用于企业营业的全部或者营业的部分转让，而适用任何形式的企业转让。这一过程的演变形成了现行第 2001/23 号指令的适用范围，其扩大了转让形式的限制，适用于因法律上的转让或者合并、企业营业的全部或者营业的一部分以“任何转让形式”转让给另一个企业。该指令第一章第 1 条明确指出指令的适用范围：“（a）本指令适用于作为法律转让或兼并后果的企业、经营，或者企业向任何其他雇主的转让。（b）根据上款和本条以下规定，经济体保持自己身份的转让就是本指令意义上的转让，其意味着一

❶ 欧洲经济区全称 The European Environment Agency，简称 EEA，在欧洲自由贸易联盟（EFTA）与欧盟（EU）达成协议后，于 1994 年 1 月 1 日生效，旨在让欧洲自由贸易联盟的成员国，无须加入欧盟也能参与欧洲的单一市场。

个以追求经济活动为目标有组织的资源群体，无论该活动是主要的还是次要的。（c）本指令适用于从事经济活动的公私企业，无论它们是否以营利为目的。公共行政机构的行政性重组，或者公共机构之间行政功能的转让，不是本指令意义上的转让。”❶

三、欧盟指令性文件保护劳动者的具体内容

欧盟的相关指令旨在建立最低的对雇员权利的法律保障，允许各成员国法律以相关指令的条款为基础，建立更高的对劳动者保障的标准。

（一）基础性保护：第 77/187 号指令

该指令在个人权利（Individual Rights）、集体合同（Collective Agreements）、社会安全（Social Security）、解雇保护（Protection against Dismissal）、劳动者代表（Workers' Representation）及信息提供六个方面进行了规定。第一，该指令提出了雇员的既得权利（Acquired Rights），这种既得权利是指劳动者在转让之前以及因转让具有的权利的总和。当企业发生转让时，既得权利随着企业的转让而转移给转让后的企业。第 77/187 号指令规定，企业转让后，劳动者的既得权利自动转移给受让企业（第 3 条第 1 项），但是各成员国同时需制定相应的立法以分配企业转让前后双方责任的分担（第 3 条第 1 项第 2 段）。“但是，若成员国未按指令的相关规定制定相应的责任承担方式，即使发生转让的企业员工不同意，自转让的事实发生后，转让企业将不再承担因劳动合同或劳动关系而产生的所有义务。”❷第二，该指令第 3 条第

---

❶ 福斯特．欧盟立法（2005—2006）：下卷［M］．16 版．何志鹏，孙璐，译．北京：北京大学出版社，2007：324.

❷ BLANPAIN R，HANAMI T. Euro－Japan Institute for Law and Business：Employment Security Law and Practice in Belgium，Bulgaria，France，Germany，Great Britain，Italy，Japan and the European Communities［M］. Leuven：Peeters Press，1995：56.

2 项规定，企业转让后，与转让前企业签订的集体合同所列权利与义务，转移至新企业，直到集体合同的履行期限届满。但成员国可限制遵守集体合同的协约事项，该限制的期间，不得少于 1 年。第三，该指令规定，成员国应采取必要的措施来保障员工的利益，包括因转让后不再受雇于企业的员工的利益。第四，根据该指令，企业全部转让或者部分转让并不构成企业解雇雇员的法定事由。但转让行为发生后，由于经济性、技术性或者组织性的原因有减少雇员的必要则不在禁止的范围内，是被允许的。同时，如果成员国对特定种类的劳动者作出排除保护的规定，则这类劳动者不能享受到该指令对于其免于解雇的保护。第五，该指令第 5 条第 1 项规定，除非成员国的立法有规定，否则，企业转让后，劳动者代表或与劳动者利益相关的代表，对于其成员国立法所规范的身份及职责功能，应继续给予保护。该指令第 5 条第 2 项规定，如果受转让影响的员工的任职期限由于转让而过期，劳动者代表应继续享受法律、法规、行政法规或成员国的保护。第六，该指令第 6 条规定，转让企业与受让企业应将下列事项通知受影响的劳动者代表：转让的日期或者拟转让日期，转让的理由，因转让而对劳动者产生的法律、经济与社会影响及企业对于未来规划的与劳动者有关的措施。转让企业或受让企业应当在劳动者受到转让影响前的适当时间（in good time）进行告知。

（二）延展性保护：修正性指令性文件

在第 94/95 号指令中，进一步明确了指令适用的范围，“规定公、私营企业都可以适用该指令（第 1 条第 3 段），转让企业与被转让企业承担连带责任，明确了对企业转让后进行规制的期限，即转让人在 1 年内履行相应义务（第 3 条第 1 项），以及明确了国际企业转让或者企业集团之间转让如何适用该指令的问题”。[1] 为了使员工能获得信息并享有咨询的权利，任何“共同体规模的企业”[2] 均须成立一个欧洲劳动咨议会（European Works Council，EWC）或设立相应的可提供信息以及咨询的程序（第1条第2项）。该指令实施后，劳资双方为了在企业转让后，寻求一种双方都能接受的企业经营以及劳资双方互动模式，双方进行协商的次数开始逐渐增多。第98/50号指令通过修正，在第6条加入了承担通知义务的主体，即转让前的企业与转让后的企业都有通知劳动者的义务，转让后的企业以转让前的企业未承担通知义务为由而不履行通知义务的，是不被允许的。另外，该指令规定了劳动者保障的最低标准，各成员国可以此为基础，设定对劳动者更为有利的条件。最后，第2001/23号指令的修正基本延续了第98/50号指令修订后的内容，仅加入了当企业破产重组时，选择劳动者代表的方法；并在最后规定了成员国应该根据该指令，订立本国相关的法律规范，以保障劳动者权益的实现。至此，欧盟指令在企业转让过程中对劳动者进行保护的新体系已基本形成，对各成员国立法与司法实践发挥着指导作用。

第二节　范围广、力度强：德国给予劳动者特殊保护的基调

一、《德国民法典》中的主要条款及相关立法

《德国民法典》（Bürgerliches Gesetzbuch，BGB）于1900年

---

[1] 濱口桂一郎. EU労働法の形成：欧州社会モデルに未来はあるか？［M］. 増補版. 東京：日本労働研究機構，2001：159－160.

[2] “共同体规模企业”是指该企业在成员国的领土上至少有1000名员工，而且至少在两个成员国内，其各至少有150名员工（第94/95号指令第2条第1项）。

1 月 1 日开始施行，并随着社会关系及法律关系发展的多样化进行了多次修改。2009 年 9 月 28 日修订后的《德国民法典》是现行德国私法规范的最新版本，也是德国私法领域实现法律统一的标志。劳动关系是《德国民法典》列入调整范围的一类社会关系，其诸多条款对劳动关系的正常运行起到了保障作用。如第 613a 条是关于企业变动导致劳动关系变动时，如何保护劳动者工作权的典型条款之一。

《德国民法典》第 613a 条[1]规定："当一个企业通过法律途径全部或部分地转移给另一个所有人时，（1）企业或企业的一部分因法律行为而转移给另一企业主的，另一企业主加入基于转移时所存在的劳动关系而发生的权利和义务。这些权利和义务为团体协约的法律规范或企业协议所调整的，团体协约的法律规范或企业协议成为新企业主和受雇人之间的劳动关系的内容，且不得在转移后 1 年内使受雇人受不利益而变更之。新企业主的权利和义务为另一团体协约的法律规范或另一企业协议所调整的，不适用第 2 句的规定。第 2 句所规定的期间届满前，团体协约或企业协议不再有效，或在双方不受团体协约约束的情况下，在另一团体协约的适用范围内，在新企业主和受雇人之间达成适用另一团体协约的协议的，可以变更权利和义务。（2）第 1 款所规定的义务在转移时已发生，且在转移后 1 年以内到期的，原雇主和新企业主一起对之作为连带债务人负责任。但此种义务在转移后到期的，原雇主仅在与转移时所经过的那部分计算义务的期间相当的范围内，对这些义务负责任。（3）法人或商事合伙因转移而消灭的，不适用第 2 款。（4）原雇主或新企业主因企业或企业的一部分的转移所作出的通知终止受雇人的劳动关系的意思表示，

[1] 德文全文请参照［EB/OL］.［2011 - 05 - 10］. http：//www. gesetze - im - internet. de/bundesrecht/bgb/gesamt. pdf.

不生效力。由于其他原因而通知终止劳动关系的权利不受影响。（5）原雇主或新企业主必须在企业转移之前，以书面形式将下列内容通知企业转移所涉及的受雇人：1. 企业转移的时间或计划中的企业转移时间；2. 企业转移的原因；3. 企业转移对受雇人的法律、经济和社会的效果；4. 着眼于受雇人而计划的措施。（6）受雇人可以在第 5 款所规定的通知到达后 1 个月以内，就劳动关系的转移以书面提出异议。可以向原雇主或新企业主表示异议。”❶

《德国民法典》第 613a 条是一项有利于劳动者的保护性条款，其制定与颁布施行具有特定的法律意图。该法律意图体现于以下三个具体的立法目标。第一，当劳动者所属企业转让给新的企业主时，《德国民法典》第 613a 条的规定确保劳动者处于相对稳定的劳动关系中，避免劳动合同的无理由解除。第二，通过《德国民法典》第 613a 条保障德国劳动者协会的存续性。第三，在企业转移时，《德国民法典》第 613a 条对原企业主与新企业主之间的法律责任进行合理划分。《德国民法典》第 613a 条是一项具有强制法律效力的标准。这种强制性表现在其直接规定了在企业转移条件下保护劳动者的具体措施。这种保护既不能因为劳动关系转移而排除，也不能因为原企业主与新企业主之间达成的一致协议而排除。也就是说，当《德国民法典》第 613a 条规定的企业转让情况出现时，就会立即发生法律上预先设定的法律后果。

二、《德国民法典》第 613a 条的具体含义

《德国民法典》第 613a 条主要规定了该条的适用条件与劳动者的异议权。关于适用条件，主要有企业的转让或企业的部分转

---

❶ 德国民法典［M］. 2 版. 陈卫佐，译. 北京：法律出版社，2006：233－234.

让、企业转让给另一个受让人以及企业的转让行为是通过法律行为。首先，关于“企业”或者“企业的部分”等概念的理解，起决定性作用的并不是《德国民法典》，而是欧盟第 2001/23 号指令。也就是说，《德国民法典》第 613a 条是贯彻落实欧盟指令与立法精神的产物，其遵循欧盟指令所规定的最低标准与概念界定。而欧盟指令规定符合该指令意义上的转让仅指以追求经济活动为目标的有机体，不管这个经济活动是主要的经济活动还是次要的经济活动，经济实体维持它的同一性才是转让。关于如何判定具有经济同一性的经济主体是否具有法条所规定的“转让”行为时，欧洲法院的判决主要从以下七点考虑：第一，相关的企业的性质；第二，可能发生固定资产的转让；第三，非物质资产的价值；第四，可能接收主要雇员；第五，客户可能发生了转移；第六，转让前后所完成工作的相似性；第七，工作活动可能存在持续性的间断。[1] 在对这七个参考因素进行衡量时，更为重要的是将上述七个因素与其他的条件相结合，构成一个全面的判定标准。其次，企业转让给一个“新的受让人”是《德国民法典》第 613a 条适用的第二个条件，这意味着企业转让使得权利人发生了改变。企业转让给一个新的受让人这一适用条件，同时把企业的转让这一法律事实与企业结束经营区分开来。企业中断的时间越长，越有可能被判断为企业转让的最终结果是为了企业经营的终止。而出现企业中断时间过长这一情况，是不适用《德国民法典》第 613a 条（劳动关系权利义务随着企业转让发生转移）立法规定的。再次，《德国民法典》613a 条规定了企业的转让是通过法律行为的转让，这一规定划清了法律行为的转让与依据行政权转让的界限。因为依据行政权的转让行为是不受该法律

---

[1] EuGH vom 20. 11. 2003 – Rs. C – 340/01，slg. 2003，I – 14023（Rn. 33）-Abler/Sodexho；EuGH vom 12. 2. 2009-Rs. C – 466/07，NZA 2009，251（Rn. 44，49）-klarenberg.

条文限制的。

《德国民法典》第613a条同时还赋予劳动者异议权（Widerspruch des Arbeitnehmers）。欧盟第2001/23号指令仅规定企业转让时劳动关系与新的企业主继续存在，未赋予劳动者持有异议的权利。《德国民法典》却规定，依据该权利，如果劳动者对其劳动关系转让给新的企业主提出异议，则劳动关系不必然地转让给新的企业者。劳动者可在企业转让之后的1个月内根据《德国民法典》第613a条所赋予的异议权提出书面请求。该书面异议可以以转让后的企业主作为接收主体，也可以向企业转让前的原企业提出。虽然企业是异议请求的单向接收者，但是异议请求却不能进行单方面的撤销或者撤回。如果需要撤销或撤回，则需要一个三边的撤销协议，即劳动者、转让前的企业与转让后的企业之间的协议。但是，劳动者异议权的行使还会导致这样的一个结果：虽然劳动者与转让前企业的劳动关系继续存在，然而因转让后企业的特定工作职位取消，导致特定工作岗位上的劳动者劳动关系解除，这种有条件的劳动合同解除却是不违反《德国民法典》第613a条的规定的。劳动者对企业并购提出的异议，并不能当然解除随着企业转让而转让的特定工作岗位的劳动者与转让企业的劳动关系。[1]

第三节　深受欧盟指令性文件影响：英国保护劳动者的立法

英国是欧洲经济共同体的成员国，自1972年加入欧洲经济共同体后，基于对成员国的要求，需适用共同体的指令规范以符

[1] 关于《德国民法典》第613a条的具体内容，参见JUNKER A. Grundkurs Arbeitsrecht［M］. München：C. H. Beck，2010：72－77.

合欧洲社会政策。本书主要对英国的《企业移转雇佣保障条例》[1]［*Transfer of Undertaking（Protection of Employment）Regulations，TUPE*］，以及相关立法规范进行研究。除TUPE外，其余立法规定均来源于英国政府公共资讯部门（Office of Public Sector Information，OPSI）及贸易工业部（Department of Trade & Industry，DTI）。这些规范均依据欧盟指令制定，其内容紧紧围绕企业并购中如何保障劳动者工作权问题。

一、TUPE的适用范围

TUPE于1981年依据欧洲经济共同体第77/187号指令制定，并随着第98/50号指令与第2001/23号指令的修改进行修正。同时，英国国内的许多法案也对TUPE的条文进行了修正，或是以TUPE的内容为指导，修正国内的相关法案，在法律体系下形成交错的法律规范。经过不断修改与完善，2006年2月6日所修正的TUPE是最新版本，于同年4月6日起生效。TUPE的制定目的主要在于对移转关系下解雇、改变雇佣条款及雇佣条件的效力进行规制，基于国际及欧洲对于受雇人保障的最低标准，制定出关于营业出售（Business sale）、改组（Reorganization）、契约缔结或终止（Contracting-out），或其他类似行为（Similar Exercise）对受雇人的相关保障计划。TUPE对适用范围的劳动契约双方有明确界定即劳动契约的双方为受雇人与企业（Undertaking）、营业（Business）。关于TUPE中所提到的受雇人，包含任何提供服务的，或者以学徒身份被他人所雇佣的人，但为个人服务的受雇人排除在外。此外，转包契约中的服务人员亦属受雇人范围之内。但是，商业运输业的船舶属于TUPE的适用例外。这点与欧

---

[1] 我国台湾地区将其翻译为《事业移转雇佣保障条例》，这是因为在相关的劳动立法中，劳动契约的资方主体在我国《劳动法》上称之为用人单位，而在台湾地区的立法上则称之为事业单位。

盟相关指令所规定的适用范围具有一致性。[1] 此外，对除受雇人以外的劳动契约另一方适用主体，TUPE 主要界定为两类，即 Undertaking 与 Business。确立这一范围，首先要将 Undertaking、Business 与 Company 区别开来。在英国的法律制度下，Company 是指具有法人人格的如股份有限公司或是控股公司形态的法人组织。而 Undertaking 及 Business 是其上位概念，后两者所涵摄之范围大于 Company。因此，TUPE 的适用范围定位于 Undertaking 与 Business，即采取任何形态的企业组织或营业组织均为 TUPE 的适用对象，但凡追求一个经济活动的实体均可适用 TUPE。总之，在英国，无论企业或营业组织的形态为法人组织或非法人组织，是否为股份有限公司的组织形态，为公组织或私组织，均可适用 TUPE 的有关规定。

TUPE 的适用情形在于主体的相关转移（Relevant Transfer）。所谓相关转移，是指两个或两个以上的转移，也指接连发生的一系列转移。而让与人与受让人之间采取的方式是否发生财产上的转移则不影响 TUPE 的适用。TUPE 中有关概念的使用与欧盟第 2001/23 号指令所使用的概念基本相似，如经济实体等称谓。TUPE 将转移类型归纳为四种形态：即企业转移（Transfers an Undertaking）、营业转移（Transfers an Business）、部分的企业转移（Transfers Part of an Undertakings）以及部分的营业转移（Transfers Part of an Business）。此外，“无论公营或私营而追求获利事业，或在联合王国与大不列颠领域区域以外被管理与依据法律的事业、营业组织或受雇人。只要是在领域境内发生移转；

---

[1] 商业运输业的船舶属于《商船运输法》（*Merchant Shipping Act 1995*）的适用范围。

或服务条款变更”[1]，除北爱尔兰仅适用部分条款外，均应全部适用 TUPE 的立法规定。

二、TUPE 对劳动者保护的具体措施

TUPE 规定，企业或营业的全部或部分移转时，基于劳动契约所产生的让与人相关的权利（Rights）、权力（Powers）、义务（Duties）及责任（Liabilities），均转让至受让人。也就是说，当企业或营业产生移转时，雇佣契约不因企业或营业的相关移转而终止，而是由受让人予以当然继受。此当然继受的效力及于任何让与人或资产组织中与其存在雇佣关系的受雇人，即便是反对移转的受雇人，也并不会因此而导致雇佣关系的终止。被转移的受雇人也不能被视为与让与人之间终止雇佣契约。同时，雇主也不能以“转移”作为手段，以终止雇佣契约。对于受让人必须继受的事项，TUPE 列举了以下事项：①移转于受让人的是让与人与受雇人的雇佣契约以及让与人相关的权利、权力、义务及责任。②让与人对于受雇人在移转前的任何行为，或让与人移转前的法律责任不履行，均未因企业或者营业的移转而被终止，并自然移转至受让人。针对该事项，TUPE 规定了以下例外情况：一是如果事业或营业发生移转后，受雇人与受让人之间达成终止雇佣契约的合意，则无论受雇人与受让人之间采取何种契约形式，

[1] 参见 Regulation 3（4）（a）（b）of TUPE（SI 2006/246）：“Subject to paragraph（1），these Regulations apply to –（a） public and private undertakings engaged in economic activities whether or not they are operating for gain；（b） a transfer or service provision change howsoever effected notwithstanding –（i） that the transfer of an undertaking，business or part of an undertaking or business is governed or effected by the law of a country or territory outside the United Kingdom or that the service provision change is governed or effected by the law of a country or territory outside Great Britain；（ii） that the employment of persons employed in the undertaking，business or part transferred or，in the case of a service provision change，persons employed in the case of a service provision change，persons employed in the organized grouping of employees，is governed by any such law.”

均可产生契约终止的效力。企业发生移转后，对于受雇人与受让人之间采用任何形式的契约以终止所继受的雇佣契约，均不受任何限制。二是若受雇人对让与人或受让人主动告知在企业移转后，自己欲与受让人在移转后重新签订雇佣契约。此时，原雇佣契约不再适用契约承继的有关规定，受雇人与让与人之间的原雇佣契约终止。[1] 该条款充分尊重受雇人的意思表示与选择权，为受雇人不依照条例所规定的“契约当然继受方式”，[2] 而是由受雇人主动告知其欲与受让人另订立新的雇佣契约，直接终止原雇佣契约，重新受雇于受让人。③除上述两点外，雇主如基于下列事项解雇受雇人可不受契约当然继受的限制：企业由于经济的、技术的或组织的理由而被迫发生移转的行为（即所谓的裁员解雇）；企业因与移转无关的原因（该原因是指因经济的、技术的或组织的理由而改变企业内部所属员工，即通常所谓的“ETO 理由”）而发生的变动。[3] 基于 ETO 理由而解雇原受雇员工，在 TUPE 的框架下属于合法的解雇事由，如雇主以 ETO 理由行使解雇权，则属于正当解雇行为。

第四节　与欧洲迥异：美国劳动法保护的具体规定

美国的企业在市场的潮流中，不断上演着并购与被并购、转让与被转让等角色。在持续的 100 多年中，美国对此类案件的处理相较于欧洲有其特殊性。

---

[1] Regulation 4（7）of TUPE（SI 2006/246）.

[2] Regulation 4（1）&（2）of TUPE（SI 2006/246）.

[3] Regulation 4（5）（a）（b）of TUPE（SI 2006/246）.

一、美国劳动立法的发展

美国与西欧、日本的差别在于，美国一直奉行“雇佣自由原则”（Employment at Will）❶。一方面雇主对于解雇享有很大的权利，无论是否有正当理由，是否基于合乎道德的理由，都可以任意解雇劳动者。另一方面，劳工可以随时解除与雇主的劳动合同，寻求更好的工作机会与职位。雇佣自由的形成有客观的历史与现实条件：“第一，美国受工业革命的影响，越来越多的私人雇佣关系出现而取代传统的雇佣关系，新雇佣关系更体现商业的性质。第二，19 世纪以来，自由放任主义（Laissez Faire）、契约自由（Freedom of Contract）及企业自由理论（Freedom of Enterprise）流行，这些理论使得劳动契约双方有缔约的完全自由，不受任何第三人包括政府的干涉。企业普遍认为，只有遵照这一理论，才能更好地适应市场需求来录用或解雇劳工。”❷ 这种观念在 20 世纪 30 年代集体劳资关系的机制建立以前，一直统领着美国劳动力市场，即使雇主对其经营事项的结束可能影响劳工失业等不良后果，雇主仍然享有解雇劳工的自由，不会受到限制。

1935 年，美国制定了《国家劳工关系法》（*National Labour Relations Act*，NLRA），这是美国第一部规范私营企业中集体劳动关系的最重要的法律规范，并于 1947 年与 1959 年进行了重大修改。《国家劳工关系法》规定，雇主对于“强制性谈判的事项”（Mandatory Bargaining Subjects）必须以诚信协商的态度进行集体协商谈判，如工资、工时及其他工作条件与情况等，否则即构成“不公平劳动行为”。关于何为强制性谈判事项，美国国家劳工

❶ 这一原则是美国学者 H. G. Wood 在其著作 *A Treatise on the law of Master and servant* 中提出，提出后即为当时美国法学界所普遍接受。

❷ 参见 KIM P T. An Empirical Challenge to Employment at Will［J］. New Zealand of industrial Relations，1998，23（2）：92.

关系委员会（National Labor Relations Board，NLRB）以及联邦各级法院对此范围已加以确定。除所列事项外，其余事项属于可被允许的谈判事项。但是，企业并购这类行为被认为是“纯粹有关经济的决定”，不认为属于强制性谈判事项，雇主可以单方面作出决定。国家不强制雇主与工会对于此类行为进行团体协商与谈判，也不需以诚信态度进行谈判。即使雇主与劳工开始协商，那也仅限于效果协商（Effect Bargaining），而不需对于企业的决定行为进行协商（Decision Bargaining）。美国认为这是对资方企业决定权的保护。即使企业的并购对劳动者造成不良影响，并购依然可以继续，企业的决定不受影响，也不构成不公平劳动行为。

美国对劳动者的解雇保护经过了一个相当漫长的阶段。20世纪80年代，影响劳资关系相关立法有6项草案。此外，还有3个关键性报告：第一，特别委员会对劳工部所提出的对于劳工失业的范围，对于受影响的劳工的协助以及国际竞争等问题的报告；第二，国会技术评估局提出的报告，报告中指出若要解雇劳工，尽可能早些开始进行预告，且最好在企业关闭或者大量解雇劳工之前进行；第三，国会联邦会计局（U. S. General Accounting Office，GAO）在研究[1]中发现，如果雇主对于企业关闭没有预告，会对劳工产生不利的负面影响。直到1988年4月通过、1989年2月4日生效的《劳工调整与再训练预告法案》（*Worker Adjustment and Retraining Notification Act*，WARN）才开始改变这一状况。虽然此重要立法存在一些政治妥协的嫌疑，但是这一法案终是劳资双方权利保障的基本规范。当然，并非所有的劳动雇佣关系都受到WARN的调整与保护，WARN有其特定的适用范

[1] 报告详细内容参见U. S. General Accounting Office. Plant Closings：Limited Advance Notice and Assistance Provided Dislocated Workers［C］，1987：7.

围。它只适用于两类雇主：一类为雇佣劳工达 100 人以上的雇主；另一类为雇佣劳工 100 人以上，并且每周所雇劳工工作时间超过 4000 小时以上。前者的 100 人只为正式雇佣之劳工，临时雇佣劳工数量不计算在内。后者中工作时间的计算标准将加班时间排除在外。除规定适用范围外，在企业转让的过程中，WARN 对劳工进行保护主要体现在其规定了雇主的预先告知义务。雇主在解雇前 60 天，必须以书面形式告知劳工代表即工会组织。在没有工会组织存在的情形下，告知所有可能受到影响的受雇者等。当然，并非所有企业转让的雇主都需承担预先告知的义务。对于企业转让过程中，WARN 将其分为两种情况对待：未引起就业损失[1]的情况与引起就业损失的情况。如果雇主将其企业转让的行为产生对劳动者的不利后果，则转让企业与企业的买主均承担预先告知的义务。转让企业的雇主对于劳工的预先告知义务产生在转让行为正式生效之前，转让雇主应在正式生效日之前，告知企业劳工。而在企业转让后，企业的买主即同时具有告知劳工的义务。相反，如雇主的企业转让行为未对劳动者产生不利后果，则转让企业与企业的买主均不负有预先告知的义务。另外，如果原企业所雇佣之劳工在企业转让后依旧在原有职位上工作，则原劳动合同承继，劳工视为企业买主的受雇者。

---

[1] 就业损失包括雇佣关系终止、超过 6 个月以上的裁员、工作时间在连续 6 个月期间降低至 50% 等情形，但基于正当理由的劳动合同的解除、基于双方协议自愿解除劳动合同、劳动者主动解除劳动合同或退休等情形不在此范围内。需要注意的是，企业出现须使得劳工调职的情形时，如果雇主将其调整的工作地点是在“合理通勤距离”（Reasonable Commuting Distance），则不在就业损失所包含范围之内。对于何为合理通勤距离，立法与行政规则均没有明确的规定，只是提供了几个判定考虑因素：即根据是否接近工作场所、道路交通状况、能使用的交通工具以及通勤所需要的时间来判定。如果雇主所提出的工作地点是在合理通勤距离之外，但是受雇者在 30 天内并未对此予以反对，则不构成就业损失。

二、集体合同居于特殊地位

美国对于劳动者工作权的保护，极其重视工会、集体合同与集体谈判的作用。《国家劳工关系法》是规范私营企业中集体劳资关系的重要法律依据。这部法案涉及员工组织工会、集体协商及劳资争议等方面，体现出重视集体契约的立法指向。劳动契约的一部分事项可由当事人自由决定[1]，但大部分是由工会与雇主协商以集体合同的形式来规定的，如解雇劳工的正当事由以及职业安全等。集体劳资关系中的雇主在企业并购的过程中如何确立自己的法律地位，有 3 种认定方式并相应地以三种理论作为支撑。第一，单一雇主理论。单一雇主理论适用于在营业上具有不可分之特质的企业。企业在并购后，各营业体之间的相互关系形成了管理、企业财务等方面的共通性。劳动关系的集中程度也有所提高。由此构成了雇主的“单一性”。在这种情况下，单一雇主理论认为，被合并企业的原工会不再继续享有代表劳工进行集体协商的权利，即协商权终止，而由其具有不可分特质的企业下的工会组织取而代之。第二，自我延伸理论。该理论是司法实践中为防范企业规避劳动法义务所适用的理论。企业为了规避劳动法上所规定的对劳动者承担的法定义务或约定义务，将企业并购作为手段，使其义务主体发生变化，借以逃避法定或约定义务。在此情况下，企业并无实质上的变化，仍为原协商主体，只是企业的外观改变而已。一旦认定并购后的企业与并购前企业主体“本质的同一性”，则并购后的企业需承担并购前企业所应承担的劳动法上的义务。自我延伸理论拓宽了雇主义务承担的界限。在这种认定方式中，企业并购前后企业的同一性认定则显得至关

---

[1] 对于当事人之间关于解雇的协商程序，美国政府制定了详细的策略。而涉及福利、工作保障、工作时间等实质性事由，则赋予当事人自由协商的权利。

重要。实践中，美国法院常依据一系列因素进行判定，如是否运用虚假的资产转移手段，以及考量并购前后企业的营业目标、管理手段、运营状况、设备、企业文化及财产利益的所有权等弹性标准来揭露雇主本质的同一性与连续性。第三，承继理论。承继理论的价值目标在于避免劳资争议，追求市场及交易稳定性。通过判定企业连续性的程度，来决定哪些劳动契约约定的义务由新雇主承继接受，哪部分义务因为企业的变动而终止。承继理论延长了既定劳资关系雇主义务的有效性。❶

第五节　针对性保护：日本的单独立法保护

日本针对企业并购过程中的劳动者工作权保护问题，制定实施了《劳动合同承继法》。这部法律的制定受到2000年《日本商法典》修订的直接影响。与欧盟指令不同的是，日本的《劳动合同承继法》仅针对“企业分立”这一单一的企业变动模式对劳动者进行保护。而对于企业合并与企业的营业转让，则未列入保护范围。企业合并转而适用《日本商法典》的有关条款。《日本商法典》第103条中规定，企业因合并而消灭公司的权利义务包括劳动合同上的权利义务应由合并后存续或新设公司概括继承。日本的司法实践与理论研究在处理有关企业合并后的劳动合同承继问题时，均以该条款作为依据。也就是说，为维持合并前后组织的统一性，日本采取了概括承继的法理。❷ 对于营业转让的部分，《日本商法典》与《劳动合同承继法》均无明文规定，法院在处理相关争议时，只能依据实践中累

---

❶ 参见吴育仁．美国劳资集体协商制度之法律政策分析［J］．欧美研究，2002，32（2）：254－257．

❷ 概括承继的法理也可被称为组织有机体说，企业是由资产与人员组成的有机组织体，合并后企业不得拒绝留用被合并企业的任何劳动者，以维持其统一性。

积的丰富经验。但对于企业营业转让的性质属于一般的债权债务让与，以及企业营业转让时劳动合同是否采纳概括承继的法理，学者们仍存在较大的分歧。

对于企业分立时劳动合同的命运专门由《劳动合同承继法》规定的立法格局，也是劳资双方与立法者之间斗争的结果。2000年《日本商法典》修改之前，“公司分立是通过营业和企业转让进行的。然而，为转让营业，公司（出让方）需征得每个债权人的同意，还需征得转让给受让方的劳动者的同意。人们认为，这些程序阻碍了日本公司的重构和重组。2000年修改的《日本商法典》为公司分立增加了简化的程序，当公司分立计划由公司股东经特别表决后，公司分立对所有有关各方均有法律约束力，不需要个别征求债权人的同意。”❶ 日本劳动工会总联合会和反对此项计划的反对派提出：公司的分立计划如照此修订，雇主在分立后为了提高企业的效率或减小企业规模，易导致雇主以此为借口，滥用裁员的权利。他们认为，《日本商法典》的修订只在一方面简化了企业的分立程序，但在另一方面却未对劳动者制定有效的保护措施，这会导致雇佣的安定性受到严重损害。因此，《劳动合同承继法》随《日本商法典》修正案同时实施。“日本企业并购法制中，将有关劳动契约关系之相关规定分为两大部分，其一为企业并购法制下之‘一般性原则’规定，其二则为规范于《劳动合同承继法》中之‘特别规定’。”❷ 因此在研究《劳动合同承继法》时，需同时注重商法中的一般性原则，方能清楚理解《劳动合同承继法》中规范内容的特殊性。《劳动合同

---

❶ 荒木尚志．日本劳动法［M］．增补版．李坤刚，牛志奎，译．北京：北京大学出版社，2010：110.

❷ 盛誠吾．企業組織の再編と労働契約承继法［J］．季刊勞動法，2001，197(11)：8－9．转引自林虹均．企业并购中劳工权益保障之相关问题研究［D］．台北：台湾中国文化大学，2006：39－40.

承继法》将劳动者分为三种类型：劳动者主要从事于分立部门的工作、劳动者在外围从事分立部门的工作❶与不从事分立部门工作的劳动者。在立法上将三者区分对待，在劳动合同承继是否需要征得劳动者同意、雇主是否拥有商定留用以排除特定员工的权利以及劳动者是否拥有拒绝留用的权利三方面均设置了不同的规范。❷

❶ 如一个属于人力资源部的雇员专门从事该部门的工作，而人力资源部要分立出去，他会被认为主要从事人力资源部的工作。比较而言，如果有这样一个雇员，既为人力资源部工作，又为公关部工作，他是主要为人力资源部工作，或者是仅在外围为人力资源部工作，要根据具体情况来定，包括他在人力资源部用了多长时间、他所担任的角色等。参见荒木尚志．日本劳动法［M］．增补版．李坤刚，牛志奎，译．北京：北京大学出版社，2010：111－112.

❷ 关于《劳动合同承继法》的具体规定，在下文劳动合同的承继制度中详加论述，此处将不再赘述。

第五章　我国相关实体制度的检讨与重构

第一节　企业并购中的劳动者异议权

一、劳动者异议权的定义

何谓劳动者异议权？我国劳动法学界与现行劳动立法对此并无确切的厘定。虽然有学者曾经提出“我国劳动契约承继制度应该确立两种情况下的劳动者异议权，并指出劳动者异议权可行使的两种情况分别是：以从事设立公司承继的业务为主的劳动者针对分立计划书中没有其劳动契约被承继的记载和不属于以从事设立公司承继的业务为主的劳动者针对分立计划书中有其劳动契约被承继的记载”[1]。但关于劳动者异议权的概念，却均未作出具体化界定。审视与企业并购有

[1] 冯彦君．公司分立与劳动权保障：我国应确立劳动契约承继制度［J］．法学家，2005（5）：15－19．

关的《公司法》《劳动法》《劳动合同法》以及地方性法规❶，不乏相关条款对于企业并购过程中劳动合同承继问题作出的自然过渡或转移给新的用人单位的规定。但这些条款均未明确提出劳动者对影响其自身利益的劳动合同转移是否享有提出异议的权利。对此，《德国民法典》有明确的规定，而日本立法虽没有明确规定，但也在法律条文间有所体现。如《德国民法典》第613a条第6款规定，受雇人可以在所规定的通知到达后1个月以内，就劳动关系的转移以书面提出异议。❷ 该条款中所指的通知是指企业转移前，原雇主或新雇主对企业转移的具体事项通知给相关雇员的文本。《德国民法典》的这一条款首先规定了企业的继受者在企业转让的过程中承担原劳动合同规定的所有权利与义务。但是如果雇员及时提出异议，那么劳动关系并不当然地

❶ 《公司法》指出公司合并时，合并各方的债权债务应当由合并后的存续的公司或者新设的公司承继；公司分立时，分立前的债务由分立后的公司承担连带责任，并无关于劳动合同承继的特殊规定。现行《劳动合同法》第33条规定：用人单位变更名称、法定代表人、主要负责人或者投资人等事项，不影响劳动合同的履行。第三十四条规定：用人单位发生合并或者分立等情况，原劳动合同继续有效，劳动合同由承继其权利和义务的用人单位继续履行。这两项条款分别从用人单位名称、法定代表人等的变更与用人单位合并或者分立两类情况区分，确立了劳动合同承继制度。新用人单位介入原劳动关系，成为原劳动合同中权利义务承担主体。相关此法律条款的地方性规范性文件的代表是，福建省劳动和社会保障厅关于印发《福建省进一步规范企业劳动合同订立、变更、解除和终止的办法（试行）》的通知与天津市人力资源和社会保障局所印发的《天津市人力资源和社会保障局关于劳动合同订立、履行、变更、解除和终止等有关问题的通知》。前者第7条规定："符合《劳动合同法》第33条、第34条规定情形的，劳动合同继续履行。若新签劳动合同的内容与原劳动合同约定不一致，应经双方协商一致后重新签订；协商达不成一致意见解除劳动合同的，用人单位应支付劳动者经济补偿金。"这一条款仅在形式上重复确认了劳动合同承继的有效性，同时对新合同约定不一致与或协商后仍达不成一致的情况作了补充。而后者则在第（八）条规定："符合《劳动合同法》第33条、第34条规定情形的，劳动合同继续履行。用人单位名称变更的，应及时告知劳动者。"它确立了劳动合同承继中的劳动者知情权，是劳动合同承继制度的一个重要补充。

❷ 德国民法典［M］. 2版. 陈卫佐，译. 北京：法律出版社，2006：233.

转让给企业的继受者，雇员和原雇主的劳动关系继续存在。[1] 日本《劳动合同承继法》按照劳动者对所分配部门的工作参与程度区分不同类型，以解决劳动合同转让的问题。该法第3条规定，在公司分立时，当劳动者是转让的对象，他们的劳动关系自动转移至受让方，劳动者无权拒绝。而当劳动者仅在外围为被分立的部门工作，劳动者被列入分立计划，他们可以在规定的时间内提出反对意见，如提出这样的反对意见，他们的劳动关系就不应被分配到受让方。[2] 由此可见，日本立法虽然没有直接确定异议权的概念，但其立法旨意在条文中都有所体现，间接赋予了劳动者有条件地提出异议的权利，以对抗劳动关系的移转。总之，劳动者的异议权是劳动者在企业变动时，对抗自身劳动关系转移的机制。综合考量德日两国立法，笔者认为，劳动者异议权是劳动者享有的一项权利，是企业并购过程中劳动者针对劳动合同转移所享有的提出异议的权利，此项权利的行使直接影响劳动合同承继的效力。

二、劳动者异议权建立的理论基础

（一）合同相对性原则

合同的相对性是合同的一般性特征，它是指合同主体、合同内容以及合同责任的相对性。[3] 合同主体的相对性是指确定的合同当事人双方是合同有效的主体，履行合同内容的是确定的签订合同的当事人双方。合同内容的相对性是指合同所设定的权利义务是特定的。合同责任的相对性是指合同一方只能向另一方追究合同未适当履行的责任。劳动合同虽然是一种特殊类型的合同，

[1] 杜茨．劳动法［M］．张国文，译．北京：法律出版社，2005：165.

[2] 荒木尚志．日本劳动法［M］．增补版．李坤刚，牛志奎，译．北京：北京大学出版社，2010：111.

[3] 王利明．论合同的相对性［J］．中国法学，1996（4）：63－73.

但它在某种程度上仍然具有合同的普遍性。劳动合同义务的履行主体是劳动者和与其签订劳动合同的企业，劳动合同法律效力仅限于签订劳动合同的当事人双方。劳动合同内容相对性表现在劳动者与企业双方的权利义务是相互对应的：劳动者履行义务，企业享有相应的权利；企业履行义务，劳动者享受相对应的权利。双方权利的实现都是以对方合法且合理履行自身义务为条件的。合同一方主体无权在未征得另一方主体同意的前提下，私自转移合同上设定的权利与义务。企业作为劳动合同一方主体，忽略劳动者意思表示，单方面转移合同的权利与义务，使得变动后的企业介入到原有劳动关系中，成为合同新的当事人，这显然有悖于合同的相对性，也与合同法基本原理不符。除此之外，按照合同相对性原理，劳动者仅有权利向签订劳动合同的企业追究合同责任，无权向第三人主张。而劳动合同的承继使变动前的企业主体消灭，新生法律主体成为新责任者。责任主体的改变，在破坏合同相对性的同时也增大了劳动者追究责任的难度。总而言之，合同的相对性不允许劳动合同当事人双方随意更改合同。因为企业组织的变动而使劳动合同主体一方发生改变，劳动者作为合同的当事人和利益相关人，应该享有提出异议的权利。

（二）劳动关系的身份性与唯一性

从劳动关系的本质上讲，劳动者与企业之间的关系具有双重性，即财产的依赖性与人身的依赖性。[1] 一方面，从财产的依赖性来看，企业组织形式一旦发生变动，变动前后的企业发生实质性变化的可能性便随之增大，这些实质性变化必然影响企业经济实力、企业文化等多个方面。而经济实力的改变又在很大程度上影响着企业支付报酬的能力。虽然不排除变动后的企业主体可能因为整体实力的增强而对义务的承担能力产生正面影响，但不能

---

[1] 冯彦君．劳动权的多重意蕴［J］．当代法学，2004（2）：41－46．

完全把企业并购产生的影响控制在积极范围内，消极的负面影响也是未为可知。也就是说，企业并购导致的劳动合同承继，不可否认地成为影响劳动者物质利益发生改变的重要因素。因此，一旦劳动者意识到劳动合同的承继对其报酬的获得或可期待利益产生极其不利的影响，劳动者对于劳动合同承继这一法律行为，则有权利表示出异议。另一方面，从劳动者的人身依附性来看，劳动合同是一类特殊的合同，它不仅承载着物质利益，还包含着劳动者的人身与人格利益。劳动者在获得物质利益的同时，也同样注重自己的休息休假权、职业安全权和职业尊严权，这些都是劳动合同缔结阶段劳动者所考虑的重要因素。企业作为合同的特定义务提供方，应当用其整体实力对劳动者负责。如与劳动者签约的企业是知名大企业，整体实力相当雄厚，对职工工作安全的保障机制也相当完善，劳动者与其订立劳动合同的积极性自然较高。当这个企业为适应市场竞争需要，减少运营成本及保护股东利益而分立成若干小企业时，其经营规模、资本条件大不如前，市场竞争压力相反极易增大，劳动合同承继制度迫使分立后的小企业概括承受了劳动者与原企业所签订的劳动合同，这种情况下，分立后的小企业易从劳动者身上寻求利益平衡，用减少对劳动者的投入来换取成本的降低，或增加劳动者劳动量以获取更多利润。劳动者在合同签订之初，对企业的了解与信任以及企业在合同签订之初所承诺的各项条款，如工作条件、劳动报酬等都流于形式，劳动者初始的期待也因此落空。由此可见，企业并购引发的劳动合同承继使得劳动者自身利益受损的机率提高了。这决定了劳动者面对劳动合同承继可能发生对己不利的情况，是有权利针对劳动合同的承继提出异议的。总之，劳动者在与企业签订劳动合同时，是基于对企业的了解与信任，劳动者与企业签订的各项条款以及劳动者对企业的人身依赖都具有一定的期待性与针对性。企业并购影响了劳动关系的身份性与唯一性，劳动者理应享有异议的权利。

三、劳动者异议权的法律效果

(一) 直接介入企业变动

劳动者在劳动合同承继过程中被赋予异议权，直接影响变动后的企业以新雇主的身份介入到原劳动关系中，间接提高了企业并购的条件和门槛。[1] 从表面上看，劳动合同承继制度的确立似乎并未对企业组织的变动产生任何影响。企业若想合并、分立或者将其自身转让给其他企业，只要变动前后的企业主体双方意思表示一致，履行必要的手续，企业组织发生变动的协议即产生法律效力。事实上，劳动合同承继制度使得劳动者与变动前企业的权利义务由变动后的企业主体承担。而赋予劳动者在劳动合同承继中享有异议权，又会直接影响劳动合同承继的效力，劳动合同承继的效力又会进一步影响企业组织的变动。从这一角度分析，企业并购影响因素增多，变动条件较之于前也有所提高。之所以得出此结论，是因为企业并购条件的提高，会导致企业并购而必须付出的时间拖延、费用增多以及因程序烦琐带来的各项成本的提高。当然，这也并非阻碍企业发展的绊脚石。企业并购条件的提高会促使企业组织发生变动的行为更加理性化。为了降低因劳动者行使异议权而不得不付出的物质、人力、时间等成本，企业的变动行为会更加谨慎。这从一个侧面促使企业的市场行为选择更加合理，有利于企业的进一步发展。总之，劳动者异议权的确立，一方面可提高新企业介入原劳动关系的标准，另一方面可降低企业并购的随意性。这未必不是一条有利于双方实现共同利益

[1] Vgl. BAG v. 30. 10. 1986, AP Nr. 55 zu §613a BGB (unter II 2 c), BAG v. 19. 3. 1998, AP Nr. 177 zu §613a BGB (unter I 2 c), BAG v. 17. 9. 1998, AP Nr. 148 zu §626 BGB (unter II 5), Gaul, Betriebsübergang S. 239.

的路径选择。

（二）减少不正当解雇现象

尽管劳动合同承继促使企业并购后，劳动者与变动前的企业之间不再存续直接的法律关系，实际上，企业并购中的劳动合同承继制度仍然是劳动者与变动之后企业的劳动合同继续存在劳动者是否可以继续在原有工作职位上从事工作的决定性因素。[1] 当然，承继原劳动合同后的企业也会面临许多问题，特别是承继企业在多大程度上能够保持原有工作岗位，使劳动者在不变动工作岗位的条件下继续工作？事实上，这对于变动后的企业是有相当难度的。绝大多数企业在变动后会改变生产物品、市场目标和发展策略。它们未必有足够条件承诺继续履行劳动者与前企业所签订的原劳动合同的义务。为了不承担违反劳动合同法律责任的风险，变动后的企业会优先选择在承继先前劳动合同后，解雇原合同当事人，并重新录用人员，签订新劳动合同以适应新的企业形势。企业在这种经济利益的驱使下，出现无理解雇现象不可避免。而从劳动者一方进行考量，劳动合同承继制度要求原劳动合同中的权利义务由变动后企业承担，而一旦新企业无能力向劳动者履行原义务，劳动合同的效力又因承继而继续有效时，会导致处于弱势的劳动者进退两难：一方面合同继续有效，另一方面劳动者却丧失了履行合同义务的主动性。为尽快终止劳动合同以寻求新的更优的劳资关系，劳动者会选择自愿解除原劳动合同，终止原劳动关系并另辟新路。相反，赋予劳动者异议权，则可以确立劳动者对劳动合同承继持有不同意见。在劳动合同发生承继之前，赋予劳动者意思表示的充分自由，劳动者在认为有侵犯自己

---

[1] MENZE S. Das Widerspruchsrecht der Arbeitnehmer beim Betriebsübergang: Bestehen, Voraussetzungen und individualrechtliche Rechtsfolgen [M]. Frankfurt: Peter Lang, 2000: 98.

权益之嫌时有权拒绝合同的承继，自然会减少劳动合同承继后的无理解雇现象。事实上，追求合同的稳定性与连续性是一个理性社会人的首选。劳动合同承继中劳动者异议权的充分行使，可以有效地减少无理解雇现象，降低劳动者的跳槽频率，维护劳动力市场的稳定。

四、劳动者异议权的立法建构

劳动者异议权的建立有其必要性与可行性，完善劳动者异议权还需谨慎考虑以下几个方面。

（一）异议权的形式要求

一个没有明确形式的法律行为不具备法律效力。异议权的形式作为异议权成立的先决条件，直接影响着异议权效力。劳动者对于企业有可能损害自身利益的企业并购以及对于劳动合同承继的不合理，有权利提出异议。提出异议的形式分为两类：口头形式与书面形式。但书面形式与口头形式相比，更具有精准性与固定性，一旦劳资双方发生劳动争议，便于证据的提取。因此异议权行使应采用书面形式是异议权发生效力的必备程序性要件。

（二）异议权的期限

异议权提出的期限是需要考虑的又一重要问题。在整个企业计划变动、实施变动与劳动合同承继的过程中，存在于劳动合同承继前后的企业与劳动者之间的问题是：是否该明确规定劳动者对于劳动合同承继提出异议的有效时间范围，特别是有效行使异议权的起止时间。劳动者在此期间内提出异议是其此项权利得以行使的前提性条件。一旦超出规定时间范围，企业可视劳动者提出的异议无效。随之而来的法律问题是时间的计算与劳动合同承继时间两者之间的关系。原则上讲，劳动者异议权的行使应限定在劳动合同发生承继前，但若劳动者知情权未得到充分保障，信息获得不够充分导致异议权无法按期行使的情况也应予以考量。

如果僵化地把异议权行使时间限定在劳动合同承继前，则不利于劳动者在合同承继后对此前法律事件的追溯。因此，立法在设计异议权行使的期间时可以考虑以劳动合同承继的时间为关键点，向前与向后同时推算一个确定的时间，以此来计算劳动者提出异议的合理期间。劳动合同发生承继的有效时间点被包含在劳动者允许提出异议的期间之内。劳动者既可以在劳动合同承继发生前，也可以在劳动合同承继后一段时间内提出异议。这充分满足了劳动者异议权在劳动合同承继前后行使的时间要求。当然，期限的长短应考虑更多因素，如劳动者与合同变动前后企业各方的承受能力，在规定时间内各方是否拥有足够的时间去考虑与处理等。❶

（三）异议权的实体内容

除了异议权的表达方式外，异议的实体内容同样重要。劳动者异议权的具体内容应在法律上予以确认。立法应规定，表达异议的书面文件中需列明产生异议的具体原因、企业并购对当事人产生何种不利之影响以及是否承担被不正当解雇的风险等。特别是要划清以下两种意思表示的界限，并对此进行区分：劳动合同发生承继，劳动者对劳动合同另一方当事人的意思表示是属于劳动者对劳动合同的承继存在异议，还是行使企业解除原劳动合同的请求权。从目的上考量，解除合同的请求权是以与变动前企业解除劳动合同为目的，而异议权的目的是劳动者试图阻止后企业对劳动合同的不合理承继，同时以维系原劳动关系持续且不发生劳动关系变动。当企业组织发生变动，劳动者认为有损自身利益不予支持而提出异议时，并没有任何期待解除劳动合同的意愿。❷

---

❶ MENZE S. Das Widerspruchsrecht der Arbeitnehmer beim Betriebsübergang: Bestehen, Voraussetzungen und individualrechtliche Rechtsfolgen [M]. Frankfurt: Peter Lang, 2000: 51 – 53.

❷ 参见 Brox. BGB – AT Rn. 84, Larenz/Wolf, AT BGB § 24 Rn. 9ff.

（四）异议权的义务主体

异议权的提出是劳动者意愿的表达，权利提出直接面对的法律问题是确定相应的义务主体。也就是劳动者提出异议时，如何选择和确定接收者。企业变动与劳动合同承继前后，劳动者都享有提出异议的权利，接收主体也相应地区分为两类：以劳动合同发生变动为区分点，劳动者在变动前提出异议，则变动前的企业为接收异议的主体；如异议的提出在合同变动后，则接收异议的主体自然转变为变动后的企业。但劳动者异议权是否总是需要向当事企业的所有者提出，[1] 是否将接收异议的对象设置为提出异议时的企业所有者，而并不是规定单一的承受主体，接收主体是否因劳动者异议提出的时间不同而发生变化，则需要进一步研讨。

（五）异议权规避的防范

劳动者异议权的确立，无疑加重了企业市场行为的负担，这就不排除企业有规避劳动者异议权的可能性。企业规避劳动者异议权主要采取以下几种形式：第一，劳动合同签订之初，以企业变动为劳动合同解除条件与劳动者签订附条件合同或附期限劳动合同；第二，企业在变动过程中，与劳动者双方协议限制劳动者异议权的行使；第三，企业采用不合理手段，使劳动者放弃异议权。此三种规避形式产生的法律问题如下：首先，根据我国《劳动法》规定，企业并购不是劳动合同解除的条件之一，那么附有

---

[1] RGRK - Ascheid, § 613a BGB, Rn. 164mit einem unverständlichen Hinweis auf erman - Hanau und Seiter, die diese Meinung gerade nicht vertreten; Gaul, Betriebsübergang S. 228, Kittner/Trittin, § 613a BGB Rn. 127; Moll, AnwBI. 1991, 282, 297; ders. Vertritt allerdings in anm. zu BAGv. 22. 4. 1993, AP Nr. 103 zu § 613a BGB (unter2) die gegenteilige Ansicht, dem Arbeitnehmer stehe Wahlrecht zu; Schmalenberg, NZA 1989, Beilage 3, S. 14, 25; Zumkeller, DStR 1998, 1996, 1970, allerdings unschlüssig hinsichtlich des richtigen Adressaten für die zeit nach Betriebsübergang.

此条款的劳动合同效力应如何认定？其次，限制劳动者异议权的双方协议是否有效？如果劳动者主动放弃行使异议权，劳动者未对企业未来情况作出充分预期就作出的缺乏理性考量的行为与其充分获得信息后的主动放弃相比，是否具有相同的效力？❶ 最后，应如何界定企业促使劳动者放弃异议权的不合理手段？笔者认为，这些问题的合理解决需要一个完善的认定体系，应主要围绕以下因素进行考量：劳动者对于企业变动的信息以及企业变动后的市场地位变化及走向是否充分获得信息；异议权的权利主体即劳动者获得的与企业并购相关的信息是否真实、及时、有效；劳动者选择权的行使是否为劳动者真实的意思表示等。❷

第二节　劳动合同承继制度的审视与分析

“公司组织的变动与处于劳动关系之弱势地位的劳动者的切身利益相关，常常会影响或障碍劳动之劳动权的实现。公司组织变动对劳动权的冲击直接表现在对原劳动劳动合同命运的影响——终止还是承继？劳动合同的命运不仅关系着劳动者的工作权的存废得失，而且还会涉及工资、劳动条件的变化等问题。而公司重组导致的诸如工资、劳动条件的变化也会影响到劳动合同是否能够承继。”❸

---

❶ MENZE S. Das Widerspruchsrecht der Arbeitnehmer beim Betriebsübergang: Bestehen, Voraussetzungen und individualrechtliche Rechtsfolgen [M]. Frankfurt: Peter Lang, 2000: 85.

❷ 参见张颖慧．论劳动合同承继中的劳动者异议权［J］．求索，2011（6）：152－154.

❸ 冯彦君．劳动合同的履行和变更［G］//常凯．劳动合同立法理论难点解析．北京：中国劳动社会保障出版社，2008：85.

一、劳动合同承继的诸学说

关于企业并购是否引起劳动关系自动承继，主要有以下三种学说。

（1）肯定说。肯定说认为企业组织的变动使得劳动关系随雇主的改变发生转移且全部发生转移。劳动关系自动承继有以下两点理由：第一，买卖不破租赁的类推适用。买卖不破租赁是民法上的一项制度。我国《合同法》第229条规定："租赁物在租赁期间发生所有权变动的，不影响租赁合同的效力。"这一条款清晰地揭示了买卖不破租赁制度的内涵。从这一制度的本质含义分析，承租人与出租人之间的租赁合同的效力并不因租赁物的权利归属的变动而终止或变动。租赁合同的效力与租赁物权利归属变动无关。这是对买卖不破租赁制度所作的文义解释。肯定说认为，企业并购引起的劳动关系变化，类推适用买卖不破租赁的规定。劳动者与承租人处于相似法律地位，而企业与出租人则处于相似的法律地位。当企业组织发生变动时，作为劳动关系一方当事人的企业所有人发生了变动，则可视为租赁物发生了所有权的变动。按照买卖不破租赁的原理，租赁合同的效力在承租人与出租人之间仍然有效。也就是说，劳动者与原企业之间的劳动合同不受企业转让的影响，原劳动合同仍然有效，并且由新企业自动承继。第二，劳动关系的缔结主体是劳动者与企业，企业所有人的变动，会对劳动关系产生如下影响：首先，劳动者自劳动合同缔结之初，即有对企业提供特定劳务的义务。而企业并购仅为企业所有人的变动，并不影响劳动者提供劳务的持续性与劳动关系的稳定性。因此，劳动关系不需因其变动而终止。其次，企业所有人的变动并不影响法律上企业人格的同一性。劳动关系的双方为劳动者与企业，劳动者在企业并购时，仍保有其原有法律上的地位，劳动关系并未发生转移，原劳动关系由新企业自动承继。

再次，土地、资本、劳动力三者是经济生产要素的组成部分，劳动力甚至为最根本的生产要素。在资本主义社会仅对生产要素中有形物质进行保护的趋势下，无形物质会受到忽视。从社会主义社会的保护原则来看，劳动力应视为劳动者对生产单位的劳务出资，而并非劳动者用薪水所换的对价，劳动力与资本应得到相同的保护。[1] 故企业所有人的变动，不应导致原劳动关系终止。相反，应视为新企业所有人加入，原劳动关系继续存在。

（2）否定说。否定说认为企业组织形式的变动影响原劳动关系的稳定性，劳动关系并不自动转移。支持劳动关系不发生自动转移的原因有：第一，针对肯定说所采用的企业并购类推适用“买卖不破租赁”这一理由，否定说提出企业并购引起的劳动关系变动属于传统日耳曼法上买卖不破租赁的适用除外情况。劳动者是企业的员工，是企业的组成部分，并非独立于企业而存在。将企业变动与租赁物转移相比拟，实在有失偏颇。劳动关系中劳动者与资本所有者涉及较强的属人结合的关系，劳动者与企业主之所以能够达成资本与劳动力交换的协议是以很强的信赖关系为基础的。在立法上强制劳动关系在企业变动后由新企业全面承继，是不合逻辑的。第二，契约自由原则是当代民法的基石，劳动法作为从民法中发展出来的新的法律部门，也以劳动契约自由作为劳动法基本原则之一。企业主是企业的所有人，其对企业拥有绝对的控制权与充分的自由处置权限。如法律强制规定原有劳动关系在企业变动时由新企业所有人全部承继，则契约自由原则被严重破坏，同时限制了企业所有人对企业的经营自由权，为企业并购设置了障碍，不利于企业的自由发展。

（3）折中说。折中说认为劳动关系是否随企业组织的变动而全面转移至新企业，不应采用单一的标准，而需依据不同的情

---

[1] 关于这一表述方式，笔者并不完全赞同。

况区分对待。特别要考虑劳动关系的缔结是否存在特殊信赖关系这一重要因素。当劳动者与原有雇主间因特殊信赖关系而形成劳动关系，则劳动关系不因企业的变动而发生承继。其他劳动关系则应该自动转移至新的企业。此外，基于对劳动者所工作的职位的保护，如企业变动导致新企业主对人事构成有潜在的影响，则劳动关系不应自动转移。

二、我国现行立法评析

关于劳动合同承继问题，我国现行《公司法》《劳动法》及《劳动合同法》持有不同的立法态度。《公司法》指出，公司合并时，合并各方的债权债务应当由合并后的存续的公司或者新设的公司承继；公司分立时，分立前的债务由分立后的公司承担连带责任。这是关于债权债务承继的一般规定，并不是关于劳动合同承继的特殊规定。《劳动合同法》第 33 条规定，用人单位变更名称、法定代表人、主要负责人或者投资人等事项，不影响劳动合同的履行。第 34 条规定，用人单位发生合并或者分立等情况，原劳动合同继续有效，劳动合同由承继其权利和义务的用人单位继续履行。这两项规定分别针对两类变更方式确立了劳动合同承继制度。新用人单位介入原劳动关系，成为原劳动合同中权利义务的承担主体。对于这两项规定，地方规范性文件也制定了相关实施细则，如《福建省进一步规范企业劳动合同订立、变更、解除和终止的办法（试行）》和《天津市人力资源和社会保障局关于劳动合同订立、履行、变更、解除和终止等有关问题的通知》。前者第 7 条规定："符合《劳动合同法》第 33 条、第 34 条规定情形的，劳动合同继续履行。需要重新签订劳动合同的，新签劳动合同的内容与原劳动合同一致的，应视为原劳动合同继续履行。若新签劳动合同的内容与原劳动合同约定不一致，应经双方协商一致后重新签订；协商达不成一致意见解除劳动合同的，用人单位应支付劳动者经济补偿金。”这一条款仅在形式上重复确认了劳动合同承继的有效性，同时对新合同约定不一致或协商后仍达不成一致的情况作了补充。而后者第（八）条规定：“符合《劳动合同法》第33条、第34条规定情形的，劳动合同继续履行。用人单位名称变更的，应及时告知劳动者。”它确立了劳动合同承继中的劳动者知情权，是劳动合同承继制度的一个重要补充。由此可见，我国立法基本上采取了“法定的契约承担方式”，《劳动法》也初步确立了劳动合同承继制度。无论新雇主是否愿意承继原劳动合同，当企业发生劳动法上所规定的变动形式时，劳动契约自动由新雇主承继。我国劳动法所确立的劳动合同承继制度的法律效果在于新雇主取代了旧雇主在原有劳动关系中的地位，并在企业转让时加入到原有劳动关系中，原劳动关系中的权利与义务由新雇主承担。这项规定的积极作用主要体现在，劳动关系的承继保护了既有劳动关系，得以继续维系其稳定性，也使得新雇主保有熟练劳动者。同时，也确保了企业工会职能的继续发挥。但是，企业的概括承继制度迫使国家管治完全取代了个人自治，虽然有存在的必要性，却欠缺合理性考量。因此，为避免国家陷入“代为思考”“好心办坏事”的尴尬处境，探讨劳动合同中雇主的商定留用权与劳动者的拒绝留用权也就具有了理论与现实意义。

三、劳动合同承继制度中的雇主商定留用权

新旧雇主在企业并购的过程中，是否享有对劳动者的选择权是劳动合同承继制度中的另一个重要问题。也就是说，“劳工于企业并购中，是否可能蒙受劳动契约关系继受遭新、旧雇主商定

排除之不利益”[1]？事实上，企业发生合并、分立、营业转让时，如雇主发生变更，则劳动合同亦随之发生变更，劳动关系由原雇主与劳动者之间扩及为原雇主、新雇主以及劳动者三方之间的关系。[2] 审视劳动合同的概括承继制度，新雇主是否当然地承继原雇主与劳动者间的权利与义务？我国当前的概括承继理论并未赋予新雇主拒绝留用劳动者的权利，也并未赋予劳动者享有同意留用与否的权利。除因业务紧缩的原因之外，雇主不得解雇劳动者。[3] 探讨雇主的商定留用权需先对商定留用权的法律性质进行考察。

（一）雇主商定留用权法律性质的考察路径

商定留用权的法律功能在于新旧雇主于发生企业并购时，有权利商议由新雇主对旧雇主所雇佣的劳动者进行留用。商定留用权的法律性质如何界定直接影响其在适用上所产生的争议问题的处理方式。认定商定留用权的法律性质有以下两种思路。

第一种思路是认为商定留用权的法律性质与私法上的契约承担相似。所谓契约承担，是指承担全部由债的关系为基础所产生的法律地位。如果契约以承受当事人地位为标的，被承担人的所有权利义务由承担人概括承受。“此等契约在法律技术上原则上是以原劳动契约当事人与第三人间三方面的法律行为所作成。”私法上的契约承担有两种分类，即法定的契约承担与意定的契约承担。法定的契约承担指具有法律的明文规定，典型代表制度为买卖不破租赁制度即租赁物的受让人承担租赁合同的规定。由

[1] 黄馨慧. 企业并购中之个别及集体劳动关系［G］// 台湾“劳动法学会”. “劳动基准法”释义：施行二十年之回顾与展望. 台北：新学林出版股份有限公司，2005：189.

[2] 参见詹文凯. 企业并购对于劳动契约之影响［J］. 月旦法学，2002（83）：86-91.

[3] 《德国民法典》第613a条。参见 PALANDT O. Bürgerliches Gesetzbuch［M］. 61 aufl. München：C. H. BECK，2002：Rn. 18ff.

《合同法》第229条的规定可以看出，我国在立法上承认契约承担制度，但是关于劳动合同是否适用契约承继制度，则持有更大的异议。从契约承担的理论上讲，劳动合同的承担应属于意定的契约承担，这是因为新旧雇主的商定留用权从文义上解释："新旧雇主间也必须有一个法律行为，留用旧雇主之劳工。此法律行为即为新旧雇主间，转让劳动契约之合意。新雇主对于特定劳工是否留用有决定之自由，故应解为意定的契约承担。"❶ 对于劳动者的同意是否作为契约承担的必要条件，即商定留用是否以劳动者、新雇主、旧雇主的合意为要件，则有待于进一步讨论。总而言之，不论商定留用行为划分为法定的契约承担，还是意定的契约承担，均属契约承担的一种。

第二种思路是依据契约自由的原则来解释商定留用的性质。持这种思路的人认为商定留用的性质应放弃契约承担的理论，从个别契约关系的路径介入。将商定留用的法律意义还原到单个契约发生、消灭的层次上进行思考。已发生法律效力的契约双方当事人，在没有法律明文规定或契约合意的情形下，契约对双方当事人的约束自始存在，双方均不能脱离原契约之拘束。未经第三人许可，不可发生契约的移转。任何一方不得将契约转让与第三人。换句话说，契约自由的原则要求旧劳动合同的消灭与新劳动合同的成立，均应由劳动合同的当事人各自依自己的意思表示来决定。商讨商定留用的性质由契约承担理论回归到个体间的契约自由原则更为适当。❷

❶ 林炫秋．事业单位转让与劳动契约之变动［J］．政大法学评论，1999，62（12）：268．

❷ 我国台湾地区"台北地方法院"2001年劳诉字第六号民事判决（方元绮等26人诉元大京华证券股份有限公司，请求付资遣费事件）中提出了理解商定留用的新思路，即对商定留用的法律意义在个别契约关系发生、消灭问题层次上进行解读。

（二）雇主商定留用权适用的多样化

关于雇主是否享有商定留用权，日本和我国台湾地区分别采用不同的立法模式。在日本法中，关于新旧雇主是否享有商定留用权，针对企业不同的变动形式作出了不同的规定。日本有关的劳动合同法律制度对企业合并没有具体规定。与企业分立时劳动合同的处理不同，企业合并时劳动合同的处理并无特别的保护法令，而是以商法概括承受的法理为处理依据。《日本商法典》第103 条、第 147 条、第 416 条第 1 项规定，当企业合并产生效力之时，企业合并中被合并企业的权利与义务，由存续企业或新设企业概括承受。日本理论界与实务界在此学说指导下，对于企业是否可商定留用特定劳动者持有否定态度。他们认为当企业合并时，依据商法典的规定，被合并企业的权利与义务由存续或新设企业概括承受，特定的劳动合同关系也在继受之内。支持概括承继说的依据还有“组织有机体说”。“组织有机体说”认为，企业是个由资产及人员，也就是物的要素与人的要素所构成的有机组织体。合并后的企业为了组织统一性的持续，存续或新设的企业不得拒绝留用被合并企业的劳动者。这一理论决定了当企业在合并后对原劳动关系进行选择性承继，而将其他劳动者排除在继续雇佣之外的行为，视为雇主的解雇行为。日本法上的解雇由工会法或关于解雇滥用的法理限制与规范，将此类无特定合理理由的解雇命令，视为无效的解雇。

企业分立的立法规制模式与企业合并有所不同。20 世纪 90 年代，日本迎来商法典修正的一个重要时期，公司的一些法律制度开始发生变化。在新导入的法律制度大背景下，日本企业掀起了组织变动的热潮。企业通过改组与转让谋求新的商机以站稳市场。在这个过程中，如何加强对劳动者的保护变为劳动法学界的重要议题。为了完善立法，日本各界学者开始组成与此相关的劳动关系法制研究会，并对如何保护劳动者工作权进行了探讨。随后于2000年制定了《公司分立劳动合同承继法》，以规范企业分立时劳动合同的走向。该法第3条规定，由分立公司所雇佣，以设立公司所继受营业为主要业务的劳动者，如经分立计划书载明其劳动合同由设立公司继受，则在分立发生效力的同时，其劳动合同发生移转之效力。第4条规定，由分立公司所雇佣，以设立公司所继受营业为主要业务的劳动者，如未经分立计划书载明其劳动合同由设立公司继受，得于接到通知后的特定期间内，向分立公司提出异议。劳动者提出前述异议的，其劳动合同在分立发生效力的同时，由设立公司所继受。第5条规定，由分立分司所雇佣，从事设立公司所继受营业的劳动者（非主要业务），如经分立计划书载明其劳动合同由设立公司继受，得于接到通知后的特定期间内，向分立公司提出异议。劳动者提出前述异议者，其劳动合同不得由设立公司继受。上述3个条款主要解决当企业以分立方式进行组织变动时，劳动合同如何承继的问题。依据该规定，劳动合同可以由设立公司所继受，而且须在企业分立前的分立计划书中记载劳动合同是否由设立公司继受。这3个条款的隐含意义在于企业分立时，企业所有人对承继原劳动合同具有选择权即商定留用劳动者的权利。被商定留用的员工，劳动所有人随着企业分立效力的发生而发生移转的效力。未被商定留用的劳工，则视其所从事的业务是否为分立公司所承继的主要业务而定。如果未被留用的劳动者所从事的业务与分立公司承继的业务有密切联系，则劳动者自接到未留用通知起的特定期间内，享有提出异议的权利。一旦提出异议，会导致劳动合同自分立发生效力之时继受给新的企业的法律效果。

企业的营业转让在日本又称为营业让渡。企业以营业让渡方式进行变化时，新旧雇主是否享有商定留用劳动者的权利，在日本学术界有肯定说与否定说之分。肯定说认为新旧雇主享有商定留用劳动者的权利，企业的营业让渡与企业的合并不同，受让企业对让与企业权利与义务的概括承受无必要性与必须性。受让企业应视实际情况，综合考虑其业务范围与让与企业达成个别事项的契约合意。合意的范围既可包括有形的物质资产，也可包含无形的合同关系（如劳动关系）。因此，新旧雇主当然地享有对劳工进行选择的权利。而持否定说的学者则认为新旧雇主不应享有商定留用劳动者的权利。否定说延续了“有机组织体说”，认为企业是由资产与人员所构成的联合有机组织体，营业转让不仅是资产的转让，同时包含与资产密切相关联的劳动合同关系转让。让与企业营业转让的法律行为出现，劳动合同关系与主要资产也随之共同转让给受让企业，由受让企业概括承受。一旦企业对继续留用的劳动者存在“进行选择”的意思表示，此意思表示被视为解雇命令。日本学界对于肯定说与否定说的支持力量相当。从日本法院的司法判决来看，持否定说即反对雇主享有商定留用权的数量相对较多。但随着近年来营业转让行为的增多，学者们日渐趋向于肯定说，并认为受让公司无须全盘继受原劳动合同关系，可与让与企业具体协商关于留用员工的人数与名单的事项。学者的这种倾向明显受到“意思自由决定说”的很大影响。

相较于日本立法，我国台湾地区现行有关规定对于雇主的商定留用权规制方式则稍有不同。台湾地区有关规定认为，企业合并时有权决定是否留用员工，也就是有权利商定排除特定员工继续留用。此处理方式以“企业并购法”“公司法”及“劳动基准法”的有关规定为依据。“企业并购法”第 24 条规定，因合并而消灭之公司，其权利义务应由合并后存续或新设之公司概括承受。但第 16 条同时规定，并购后存续公司、新设公司或受让公司，应于并购基准日 30 日前，以书面载明劳动条件，通知新旧雇主商定留用之劳工。“公司法”第 75 条规定，因合并而消灭之公司，其权利义务应由合并后存续或另立之公司承受。“劳动基准法”第 20 条规定，事业单位改组或转让时，除新旧雇主商定留用之劳工外，其余劳工应依第 16 条规定期间预告终止契约，并应依第 17 条规定发给劳工资遣费。其留用劳工之工作年资，应由新雇主继续予以承认。“企业并购法”与“公司法”规定了合并后企业概括承受原权利义务，但对是否包括劳动契约这一实质性问题却未予明确规定。同时，从“劳动基准法”第 20 条可以看出，该条款的意义在于，保护事业单位改组或转让后被企业排除在商定留用之外的员工权益，为新旧雇主商定留用特定员工提供后续保障。从另一侧面来看，“劳动基准法”的该条款默认了企业享有商定留用员工的选择权，将劳动契约排除在公司概括承受权利与义务的范围之外。关于企业的分立与营业转让，台湾地区采用的是一般债权债务转移的规则，也并非权利义务的概括承受。上述“企业并购法”只对企业合并进行了规定，权利义务的概括承受理论也并未适用于企业分立。另外，依据“企业并购法”与“公司法”的相关规定，为了简化营业转让的程序，立法排除了民法关于债的转移的规定，仅规定转让时以公告方式通知债权人，承担债务时免经债权人的认可。可见，营业转让同样以一般的债权债务移转为基础。这意味着，对于转让与被转让企业的权利与义务，当事人双方可就具体事项自由商定。在该理论框架下，企业分立与营业转让时关于劳动契约转让与否的内容可由新旧雇主商定。新旧雇主有权利商定哪部分劳工由新雇主继受，哪部分劳工被排除在继续留用之外，新旧雇主享有商定留用员工的选择权。

综上所述，对于企业并购时，新旧雇主是否享有选择继续留用的劳工，而将其余劳工排除在继续留用之外的权利，我国台湾地区的规定比较单一，承认雇主享有对留用劳工进行选择的权利。虽然这种规定存在削弱保障劳工雇佣权的弊端，并且可能造成对法人合并概括承受基本法理的破坏，但是，为了赋予劳工与雇主双方意思表示的自由，并扩大其意思自治的空间，学术界与司法界最终仍确立了新旧雇主商定留用员工权利行使的合法性。相比于极大程度尊重当事人意识自治为原则的立法例，日本则视企业并购的不同形式而作出不同选择。这也是由日本劳动力市场的特殊性所决定的。日本注重劳动关系的稳定性，劳动关系上终身雇佣制较有传统，影响深远。受此影响，劳动法制的设计以强调保护为主。另有商法❶概括承受的法理指导，因此企业合并时雇主不享有商定留用的权利。相反，企业发生分立时，雇主则享有商定留用劳动者的权利。但是此权利行使具有一定的限制条件。如果企业未留用的劳动者所从事的业务为分立后企业经营的主要业务，未被留用劳动者可提出异议，其劳动合同由设立的公司继受。日本为了避免规则的制定过于僵化而影响企业转让，未在立法上制定统一规则，由此造成司法上常常持有不同的见解。❷ 笔者认为，日本对于雇主是否享有商定留用权的分类调整之立法模式值得我国学习与借鉴。为了促进企业并购以增强企业市场竞争力，在我国适度强调用人单位具有商定留用劳动者的权利具有一定的合理性。诚然，若用人单位享有商定留用的权利，则对于未被留用的劳动者，应视为用人单位单方面终止劳动合同。此时“原雇主已无从使未被留用之劳工提供劳务给付，劳工又未被留用，由雇主转让事业单位的行为，即可推定其有使劳动契约终了之意思，故应解释雇主系默示终止劳动契约”❸，则劳动者有权要求用人单位承担支付经济补偿金等义务。如此解释，“不致于因雇主片面不为终止之意思表示，而使未被留用之劳工

---

❶ 公司合并时，存续公司概括承受原公司的劳动合同上的权利与义务。

❷ 如济生会中央病院事件（东京地决昭和25年7月6日，劳民集1-4-646）、友爱会病院事件（大阪地判昭和39年9月25日，劳民集15-5-937）等采用的是雇主无权对员工进行商定留用的学说。而三菱化工机事件（东京地判昭和25年4月26日，劳民集1-2-266）则采用的是雇主享有商定留用员工权利的学说。

❸ 林炫秋．事业单位转让与劳动契约之变动［J］．政大法学评论，1999（62）：269.

无从请求资遣费”。[1] 而对于用人单位商定留用的劳动者，是否当然地产生由新用人单位承担劳动合同的效果？劳动者是否有权利终止承继后的劳动合同，即劳动者是否享有拒绝留用权？这些问题留待下文作进一步探讨。

四、劳动者拒绝留用权

企业组织发生变动时，劳动者的去留情形大致可分为两类：留用与未留用。而无论劳动合同发生概括的承继还是新旧雇主对于承继的劳动者进行选择，对于雇主单方将其留用于新企业的劳动者，均面临接受留用或拒绝留用的取舍。这一问题的本质可归结为劳动者自身是否享有拒绝留用的权利。

随着经济全球化与国际化的来临，中国企业在激烈的市场竞争中面对的压力日益增大，企业因长期发展战略的要求，并购数量出现火爆增长。从 2012 年至 2016 年近 5 年的中国并购市场的统计数据可以看出，中国并购市场呈现了两个主要的特征：第一，涉及金额规模大幅度增加（如表 5 - 1）。普华永道发布的《2016 年中国企业并购市场回顾与 2017 年展望》的报告中显示，中国并购市场在 2016 年再创新高，较 2015 年交易数量上升 21%，达到 11409 件，交易金额上升 11%，达到 7701 亿美元。第二，涉及的行业涵盖范围广泛，所完成的交易按行业分布，分列前几位的有工业、房地产、高科技、金融等。从 2016 年中国并购市场完成数额来看，其中工业占 576 亿美元，房地产并购增长迅速，随后是并购交易金额达 461 亿美元的高科技产业。一项涉及制造业并购企业影响员工 2635 人的调查显示（以调查问卷为主要调查形式），在《劳动合同法》实施后，即便企业在并购

[1] 林炫秋．事业单位转让与劳动契约之变动［J］．政大法学评论，1999（62）：269 - 270.

过程中按照劳动合同法履行概括承继的义务，仍然有一部分劳动者表示其本意并不想留在并购后的企业继续工作，后续有变换工作的计划。（如表5－2）他们的此类计划主要原因在于："企业并购后，公司结构的改变是不可避免的，这种改变包括管理阶层、主要的工作人员、工作地点、解雇的出现以及组织结构的重整。企业员工必须适应在新企业中的新角色与新的价值观，并重新建立人际关系，建立新的工作方式。"[1] 如此，这类劳动关系已被移转的劳动者是否享有拒绝在新企业继续工作的权利？这项权利是否具有坚实理论基础的支撑？又如何将其与现有法律体系进行整合？在当下供给侧结构性改革，企业并购急剧增长的情形下，对这些问题的深思无疑具有一定的现实意义。

表5－1 2012～2016年并购交易总数量与总金额

年份	并购的总数量/件	交易总金额/亿美元
2012	4116	1865
2013	4446	2427
2014	6899	3770
2015	9421	6955
2016	11409	7701

表5－2 问卷调查的部分结果

	涉及劳动者人数	承继劳动者人数	在新企业工作表示不满意的劳动者人数
案例1	524	524	65
案例2	396	394	26
案例3	1715	1715	372

[1] DANIEL T A. Between Trapezes: The Human Side of Marking Mergers and Acquisitions Work [J]. Compensation and Benefits Management, 1999, 15 (1): 23－24.

（一）劳动者拒绝留用权的判例及立法确立

1. 劳动者拒绝留用权的判例确立

事实上，劳动者享有拒绝留用权是因为劳务提供的专属性及劳动者享有选择职业的自由，两者乃宪法所保障的劳动者的基本人权，如对于此两项权利进行限制，则应该谨慎为之。[1] 劳动者拒绝留用权在我国立法上至今无明确规定，却在欧盟判例中屡见不鲜。在欧盟判例中，GMC 所雇用的 4 名员工诉 Temco 一案（Case C－51/00，Temco Service Industries SA v. Samir Imzilyen and Others）[2]，是确立劳动者拒绝留用权的典型案例之一。

在该案中，大众（Volkswagen）与 BMV 公司签订了清洁其生产场地的合同，该合同有效期为 1993 年 5 月 2 日至 1994 年 12 月。BMV 将清洁工作转包给它的子公司 GMC。随之大众于 1994 年 12 月 14 日同 Temco 签订合同，并约定合同从 1995 年 1 月 9 日开始生效，合同内容为大众同意 Temco 提供与 BMV 相同的清洁服务。随后 GMC 逐渐失去了与大众的清洁合同。GMC 当时唯一的业务即为清洁大众工厂，因此业务的消失便解雇了除 Messrs Imzilyen、Belfarh、Afia－roussi 与 lakhadar 4 名员工（此 4 名员工根据 1993 年 5 月 5 日签订的集体协议应予以保留）外的其余所有员工。GMC 停止了任何营业活动，但是却并未停止存续。根据 1993 年 5 月 5 日签订的集体协议，企业经营的业务转让后，受让方需从转让方处确认从事该项转让业务的工作人员的数量，并且需雇佣此类工作人员总数的 75%。通过 1994 年 12 月 15 日的合同，Temco 正式通知 BMV 它已经全面接管了大众的清洁合同并且要求 BMV 转给它与清洁合同有关的员工名单。当 GMC 将

---

[1] 参见 WILEMSEN L. Die Neuregelung von Unterrichtung und Widerspruchsrecht der Arbeitnehmer beim Betriebsübergang [J]. NJW，2002：S. 1159ff.

[2] [EB/OL]. [2011－10－05]. http：//eur－lex. europa. eu/LexUriServ/LexUriServ. do? uri＝CELEX：62000J0051：EN：HTML#CO.

名单转发给 Temco 后，Temco 雇佣了 GMC 的部分员工。同时，GMC 试图根据国家法律规定的程序解雇上述 4 位受保护的员工并试图使相关的联合委员会相信：基于经济或技术的原因，其有权解雇他们。GMC 的这一请求遭到了拒绝。布鲁塞尔劳工法庭宣称：审理由于反对这个决定所引起的诉讼请求，其没有管辖权。1995 年 11 月 23 日，布鲁塞尔最高法院维持了该裁决。直到 1995 年 12 月，这 4 名员工被 GMC 指派做短时间工作者，登记为短时工（short - time working）。虽然该公司显然已经承认以通信方式表示，在该公司接管了大众工厂的清洁工作时，这 4 名员工的合同自动被移转到了 Temco，也就是说，在 1995 年 1 月 9 日执行了集团协议第 32a 条指令。自 1995 年 12 月，GMC 停止支付报酬，4 位员工启动了对 GMC、BMV 与 Temco 的诉讼程序。根据 1998 年 3 月 12 日的判决，布鲁塞尔劳工法庭认为，清洁大众汽车工厂的业务已经由 GMC 通过一系列合同转让给了 Temco，因此，这两家公司之间进行了集体协议第 32a 条意义上的转上。它还指出，1993 年 5 月 5 日的集体协议是非法的，因为只需要 75% 的工作人员被接管。因此，布鲁塞尔劳工法庭认为，这 4 名员工自 1995 年 1 月 9 日起自动被 Temco 接管。Temco 对布鲁塞尔劳工法庭的判决提出上诉。法庭鉴于争议的两个具体特征提出了指令适用性上的问题：首先，GMC 只是 BMV 的分包商，BMC 在 Temco 之前持有有关的清洁合同，使得 GMC 从未与原始承包商大众发生合同关系。第二，GMC 在 BMV 的清洁合同被大众终止后，在几年的时间内仍继续存在。因此，布鲁塞尔劳工法庭决定中止诉讼程序，将以下问题提交至法院得出一个初步的裁决：

① 1977 年 2 月 14 日的欧盟第 77/187 号指令中的第 1 章是否适用于：A 企业与 B 企业签订清洁工厂的合同，而 B 把这份合同转包给 C 企业？C 企业由于 B 企业与 A 企业之间的合同终止，便解雇了这 4 名员工以外的其余所有员工。此时 A 企业与 B 企业

的清洁合同转与D企业签订，依据集体协议的规定雇佣了原C企业的一部分员工，但是D企业并未接收任何C企业的资产，C企业在此之后仍然持续存在。这种情形之下，欧盟第77/187号指令是否仍然适用？②即使C企业仍然持续的存在，此事件中C企业仍可视为一个合法的让与人，那么上述欧盟第77/187号指令是否妨碍C企业在它的服务中维持特定员工？[1]

关于劳动者是否具有拒绝留用的权利，主要体现在第二个问题上：相关法院必须考虑到指令中第3章（1）一定被解释成具有这样的含义，即它不排除与转让企业间的劳动合同或雇佣关系自指令第1章（1）所指的企业转让之日起与转让企业继续存在。指令第3章（1）规定了自企业转让的同时，与转让企业间的雇佣合同所规定的权利与义务自动转让给受让企业。通过条款可得知转让的发生不需遵从双方的意思表示，是具有强制性的；不能以一个有损于劳动者的方式来贬损它。因此，指令所赋予劳动者的权利的行使可不受转让企业或受让企业任何一方的限制，不以其同意为生效要件，也不以雇员自身或雇员代表的同意为要件。[2]但是，即使雇佣合同的转让因此被强加给雇主与雇员，法庭也承认，雇员有权选择是否拒绝自身的雇佣合同是否转让给受让企业。[3] 在这样一个案例中，雇员的位置取决于欧盟成员国的本国立法：与企业转让有关的雇员的合同可能由于雇主或雇员的原因而终止，也可能继续与企业之间有效地存在。[4] 初步裁决中的第二个问题的答案是指令第3章（1）应该被解释成此含义：它不排除与转让企业签订的员工的劳动合同或雇佣关系在指令第

---

[1] 参照 Case C－51/00 欧洲法院判决中的第8～19段。

[2] Case C－362/89 D'Urso and Others［1991］ECR I－4105, paragraph 11.

[3] See inter alia Joined Cases C－132/91, C－138/91 and C－139/91 Katsikas and Others［1992］ECR I－6577, paragraphs 31 to 33.

[4] See inter alia Katsikas and Others, cited above, paragraph 36.

1 章（1）所指的企业转让之日起，其有权反对自身的雇佣合同与雇佣关系转让给受让企业，有权选择与转让企业的劳动合同继续存续。

2. 劳动者拒绝留用权的立法确立

日本法认为，当企业合并时，新旧雇主无商定留用劳动者的权利，劳动者在获得留用后，同样没有拒绝留用的权利。即便《日本民法》第 625 条规定了劳动给付请求权具有人身专属性，但企业的合并从本质上并未影响组织的一体性，合并前后企业组织的同一性得以继续维系，因此劳务请求权的主体实质上并未发生移转，企业合并的情形也就不违反劳务请求权人身专属的性质，自然排除了《日本民法》第625 条的规定。也就是说，当企业合并时，无论劳动者是否同意，被雇主留用的劳动者与原企业之间的劳动合同由存续企业或新设企业概括承受，劳动者无拒绝留用的权利。对于企业的分立，劳动者则享有附条件的拒绝留用权。日本《公司分立劳动合同承继法》第 5 条规定，由分立公司所雇佣，从事设立公司所继受营业的劳动者（非主要业务），如经分立计划书载明其劳动合同由设立公司继受，得于接到通知后起的特定期间内，向分立公司提出异议。劳动者提出前述异议者，其劳动合同不得由设立公司继受。对于企业的营业转让，日本法对营业转让时所发生的权利义务采取的是一般债权债务转让的法理，放弃了权利义务概括承受的法理。在此前提下，劳动合同的转移受《日本民法》第625 条规定的调整，即劳务请求权从转让企业转移至受让企业，并需遵照一般债权债务转让的法理，即得到劳动者的同意，劳动者有选择接受留用或不接受留用的权利。

我国台湾地区对于企业组织发生变动后雇主商定留用的劳动者是否拥有拒绝留用的权利，有比较统一的见解。对于企业的合并、分立与营业转让三种情况均承认劳动者享有拒绝留用的权利。以企业合并为例，依据权利义务概括承受法理，新企业对合并前企业的债权债务关系自动继受，对劳动契约与其他债权债务关系采用同一处理方式，新企业当然地取得对劳动者的劳务给付请求权，无须征得个别劳工的同意。作为被新企业概括承受的劳动契约中的一方当事人，劳动者对此无拒绝留用的权利。但是，实务界对概括承受的法理存有不同看法。他们认为劳务专属性理论是对概括承受法理的破坏。根据劳务专属性理论，员工被新旧雇主商定留用后，如不愿继续履行前劳动合同，则可依据相应的法律条款予以拒绝，并获得相应的资遣费。台湾地区“企业并购法”开始实施后，关于劳工是否享有拒绝留用的权利，已有明确规定。“企业并购法”第 16 条规定：“并购后存续公司、新设公司或受让公司应于并购基准日 30 日前，以书面载明劳动条件通知新旧雇主商定留用之劳工。该受通知之劳工，应于受通知日起 10 日内，以书面通知新雇主是否同意留用，届期未为通知者视为同意留用。前项同意留用之劳工，因个人因素不愿留任时，不得请求雇主给予资遣费。留用劳工于并购前在消灭公司、让与公司或被分割公司之工作年资，并购后存续公司、新设公司或受让公司应予以承认。”第 17 条同时规定：“公司进行并购、未留用劳工及依前条第一项不同意留用之劳工，应由并购前之雇主依‘劳动基准法’第 16 条规定期间预告终止契约或支付预告期间工资，并依法发给劳工退休金或资遣费。”由这两条规定可以看出，台湾地区相关文件对于企业合并时新旧企业主商定留用的劳工确立了拒绝留用权。而关于企业分立、企业的营业转让等，均以“企业并购法”第 16 条的规定为依据，劳工本人拒绝的意思表示直接决定了雇主商定留用的劳工是否在新企业中继续提供劳务。

（二）劳动者拒绝留用权的属性解读

劳动者拒绝留用权为台湾地区劳动法学界所使用，与《德国民法典》第 613a 条第 6 款中赋予劳动者的异议权相类似，在大陆劳动法学界也被称为“雇员的工作选择权”❶。它是发生在劳动合同承继制度下的一种劳动者的特别权利。这项权利不仅关系到劳动合同的命运，还与劳动者的工作权、工资、劳动条件的变化等问题息息相关。界定权利的内涵与性质是构建相关权利保障体系的重要前提。

1. 劳动者拒绝留用权的释义解析

劳动者拒绝留用权是指劳动者对企业合并、分立过程中产生的劳动合同由新企业概括承担享有拒绝的权利，并导致劳动合同产生不承继的法律后果。《德国民法典》对其有明确的定义，该法第613a条第6款的规定，受雇人可以在所规定的通知到达后1个月以内，就劳动关系的转移以书面提出异议。劳动者可以向原雇主或新企业主表示异议。❷《德国民法典》规定，依据该权利，如果劳动者对其劳动关系转让给新的企业主提出异议，则劳动关系不必然地转让给新的企业者。劳动者可在企业转让之后的1个月内根据《德国民法典》第613a条规定所赋予的异议权提出书面请求。该书面异议可以以转让后的企业主作为接受主体，也可以向企业转让前的原企业提出。虽然企业作为异议请求的单向接收者，但是异议请求却不能进行单方面的撤销或者撤回。如果需要撤销或撤回，则需要一个三边的撤销协议，即劳动者、转让前的企业与转让后的企业之间的协议。但是，劳动者异议权的行使还会导致这样的一个结果：虽然劳动者与转让前企业的劳动关系继续存在，然而因转让后企业的特定工作职位取消，导致特定工作岗位上的劳动者劳动关系解除，这种有条件的劳动合同解除却是不违反《德国民法典》第613a条规定的。劳动者对企业组织变动提出的异议，并不能当然解除随着企业转让而转让的特定工

---

❶ 参见叶姗．企业并购中雇员的工作选择权［J］．法商研究，2017（1）：75－84.

❷ 德国民法典［M］．2版．陈卫佐，译．北京：法律出版社，2006：233.

作岗位的劳动者与转让企业的劳动关系。[1]

从《德国民法典》的规定可以看出，劳动者异议权的内涵有如下几个方面：第一，权利的行使主体为劳动者即因企业并购而受影响的劳动关系中的一方。第二，劳动者异议权的义务主体是并购前后的两个企业。第三，异议权行使的形式要求为书面形式，书面形式是异议权发生法律效力的程序性必备要件。第四，异议权行使的期限是 1 个月，超出规定时间，劳动者的异议不再产生效力。第五，劳动者异议权的实体内容是指以书面文件为载体的异议权行使中应载明之事项，包括劳动者异议产生的原因。笔者认为，我国劳动者拒绝留用权确立的内涵可以参照《德国民法典》的相关规定，唯一持有不同见解的是劳动者异议权的义务主体是否为并购前后的企业。劳动者拒绝留用权应是承继制度的附有及后续完善性权利，即无劳动合同承继则无劳动者拒绝留用权，而劳动合同承继之后，劳动合同的雇佣主体已变成新企业，因此劳动者异议权的行使应为变动后的企业，由变动后的企业履行劳动者行使权利时应承担的法律义务并承担相关责任。

2. 劳动者拒绝留用权的性质界分

劳动者的拒绝留用权是一种形成权。“形成权是指依照权利人单方意思表示即可生效从而改变相应法律关系的权利。”[2] 这项权利也被称为变动权，是以特定法律关系为客体，以一方主体的单方法律行为为行使途径便可产生变动法律关系的后果，并无需相对人的同意。形成权的理论依据在于民法上的私法自治，私法自治总是以贯彻意思自治为己任。“所谓意思自治，就是给个

---

[1] 参见 JUNKER A. Grundkurs Arbeitsrecht ［M］. München：C. H. Beck，2010：72－77.

[2] 刘哲玮. 普通形成权诉讼类型考辨：以合同解除权为例 ［J］. 中外法学，2014 （5）：1327.

人提供一种受法律保护的自由，使个人获得自主决定的可能性。”❶ 拒绝留用权的形成权性质便是意思自治的明确体现，它是指劳动者可以自己决定劳动关系是否要发生变动，如果想要产生变动，则劳动者单方的意思表示就可以产生劳动关系变动的法律效果，用人单位只能被动地接受变动的后果，即劳动关系终止，此终止不需要用人单位产生以某种形式介入的行为以及同意。具体来说，如果用人单位发生并购，并且依照劳动合同立法由新企业自动承继原劳动合同，即满足了拒绝留用权行使的前提条件，则劳动者从自身的利益出发可以单方面决定是消灭这种合同关系还是继续维持。如选择前者，则可以通过通知的方式将意思表示传达到对方。从这一点上看，拒绝留用权的形成权性质决定了这项权利是一种单方法律行为，通知一经到达用人单位，则可以产生终止劳动合同的法律后果。

劳动者拒绝留用权是劳动者的工作自由权。工作自由权是劳动者“根据自己的意愿自主选择职业的权利，包括对是否从事职业劳动、从事何种职业劳动、何时何地从事职业劳动，以及进入哪个用人单位从事职业劳动等方面的选择权”。❷它“首先是一种个人的基本宪法自由权”，❸ 这种自由权在宪法上体现为国家通过各种途径，创造劳动就业条件，加强劳动保护，改善劳动条件，并在发展生产的基础上，提高劳动报酬和福利待遇，❹ 在劳动法上体现为“劳动者享有选择职业的权利”❺。这种自由也会被政府予以限制，如：政府禁止从事非法职业；国家垄断某些行为，禁止私人经营；对行政许可的限制；对特种职业资格的限

---

❶ 汪渊智．形成权理论初探［J］．中国法学，2003（3）：94－95.

❷ 王全兴．劳动法［M］．北京：法律出版社，2004：288.

❸ 杜承铭．论工作自由权的宪法权利属性及其实现［J］．武汉大学学报（社会科学版），2002年（4）：486.

❹ 参见《中华人民共和国宪法》第42条第2款。

❺ 参见《中华人民共和国劳动法》第3条。

制；对合同自由的限制；对弱势群体就业的限制等。[1] 但政府限制的根本目的在于保护劳动者的利益乃至社会公共利益，因此，政府不得超越限度，实施不合理限制行为。就社会发展而言，个体劳动者自由权的扩大亦可以促进社会整体自由程度的提升。

（三）劳动者拒绝留用权确立之理论逻辑展开

劳动者拒绝留用权是企业并购过程中产生的，与劳动合同承继制度相依而存的一项权利。虽然其与劳动合同承继制度均属特殊的劳动合同履行规则，但其本质属私主体之间的民事合同，其权利存在的前提——企业并购行为仍属私主体的市场行为，因此，劳动立法赋予劳动者提出异议、拒绝留用的权利，应建立在民商事立法特别是合同立法的基本原则基础之上。拒绝留用权的性质决定了权利确立应恪守契约自由与买卖不破租赁原则。

第一，契约自由原则是当代民法的基石，在整个私法领域具有重要的核心作用。“契约自由原则的实质是契约的成立以当事人的意思表示一致为必要，契约权利义务仅以当事人的意志而成立时，才具有合理性和法律上的效力。”[2] 首先，契约自由原则有特定的基础，它要求自由的市场经济中，主体是不受他方控制，并具有自主选择权的；同时市场中有多个主体并存，双方可以自由地选择合适的对方进行交易。劳动法作为从民法中发展出来的特别法律部门，也应以劳动契约自由作为劳动法基本原则之一。虽然在劳动法领域普遍认为劳动者处于弱势地位并应予以倾斜保护，但是这种雇主的优势地位仍不足以剥夺劳动者的自主选择权。在劳动力市场上，存在多个雇主，劳动者有条件进行自由选择，因此劳动者与雇主的地位虽然并不具有完全意义上的平

---

[1] 林嘉，杨飞，林海权. 劳动就业法律问题研究［M］. 北京：中国劳动社会保障出版社，2005：116－117.

[2] 李永军. 从契约自由原则的基础看其在现代合同法上的地位［J］. 比较法研究，2002（4）：1.

等，但这并未改变双方民事私主体的本质。雇主与劳动者达成的一致合意作为合同的特别种类，仍然要以契约自由原则为基础。其次，契约自由原则的内涵非常广泛，既包括缔约是非法定义务，当事人可以选择是否缔约，也包括当事人可以自由地决定契约的内容，并可以自由选择契约的形式。除此之外，它还应包括当事人双方应自由选择缔约的相对方。[1] 如上，一个相对完备的市场竞争机制存在多个主体，这一客观基础决定了当事人双方自由选择缔约相对方具有可能性，是可以实现的。“没有自由竞争，就没有市场经济，也就不可能有选择相对人的自由。”[2] 在企业并购的过程中，赋予劳动者拒绝留用的权利，即劳动者可以选择不与并购后的新企业继续原契约关系，是遵循契约自由原则的表现。反过来说，如法律强制规定原有劳动关系在企业变动时由新企业全部承继，劳动者没有拒绝留用的权利，则严重打破了契约自由原则。这种打破不仅侵害了劳动者的自由选择权，同时限制了雇主对企业的经营自由权，为企业并购设置了障碍，不利于企业的自由与长远发展。由此，劳动者的拒绝留用权是契约自由原则价值在劳动法领域的体现与延伸。

第二，企业并购过程中，劳动关系随雇主的改变转移且全部转移给新的雇主，这是劳动合同立法所确立的劳动合同自动承继制度。承继制度确立的理论基础在于买卖不破租赁制度的类推适用。我国《合同法》第 229 条规定：“租赁物在租赁期间发生所有权变动的，不影响租赁合同的效力。”这一条款揭示的本质内涵是承租人与买受人之间的租赁合同的效力并不因租赁物的权利归属的变动而终止或变动。租赁合同的效力与租赁物权利归属变动无关，“租赁物的权利发生变动后，买受人和承租人将成为新

---

[1] 参见李永军．从契约自由原则的基础看其在现代合同法上的地位［J］．比较法研究，2002（4）：1－2.

[2] 姚新华．契约自由论［J］．比较法研究，1997（1）：24.

的合同当事人，原出租人的权利义务将概括移转给买受人。”❶也就是说，“虽然债的主体发生改变，但债的同一性不变，债的效力不受影响”。❷ 劳动合同承继制度将劳动关系类比于租赁关系。劳动者与承租人处于相似法律地位，而企业与买受人则处于相似的法律地位。当企业组织发生变动时，作为劳动关系一方当事人的企业主发生了变动，则可视为租赁物发生了所有权的变动。按照买卖不破租赁的原理，租赁合同的效力在承租人与出租人之间仍然有效。也就是说，劳动者与企业原所有者之间的劳动合同不受企业转让的影响，原劳动合同仍然有效，并且由新企业自动承继。但是，劳动者是企业的员工，是企业的组成部分，并非独立于企业而存在。将企业变动与租赁物转移不分差异性地相比拟，则有失偏颇。劳动关系中劳动者与资本所有者涉及较强的属人结合的关系，劳动者与企业主之所以能够达成资本与劳动力交换的协议是以很强的信赖关系为基础的。在立法上强制劳动关系由新企业承继，劳动者没有拒绝的权利，是欠缺逻辑性的。特别是在劳动关系缔结之初就存在特殊信赖关系的劳资双方，或者对于变动后可能导致新企业主对人事构成存在潜在的影响，则赋予劳动者拒绝留用的相关权利，才能做到真正保护劳动者权利。

（四）我国劳动者拒绝留用权的立法梳理

企业并购时，劳动者的去留情形大致可分为两类：即留用与未留用。对于雇主将其留用于新企业的劳动者，均面临接受留用或拒绝留用的取舍。由此可见，劳动者是否享有拒绝留用的权利是劳动合同承继制度的跟进与补充。关于劳动合同在企业并购过程中的走向，我国现行《公司法》《劳动法》及《劳动合同法》

---

❶ 李永军，易军. 合同法［M］. 北京：中国法制出版社，2009：512.

❷ 黄凤龙. “买卖不破租赁”与承租人保护：以对《合同法》第229条的理解为中心［J］. 中外法学，2013（3）：620.

中的规定各样，特点不尽相同。《公司法》指出，公司合并时，合并各方的债权债务应当由合并后的存续的公司或者新设的公司承继；公司分立时，分立前的债务由分立后的公司承担连带责任。这是关于债权债务承继的一般规定，对于劳动关系是否为一般的债权债务关系，公司法并没有明确的立法态度。《劳动合同法》则对于企业并购时劳动关系的处理予以了明确规定。该法第33条规定，用人单位变更名称、法定代表人、主要负责人或者投资人等事项，不影响劳动合同的履行；第34条规定，用人单位发生合并或者分立等情况，原劳动合同继续有效，劳动合同由承继其权利和义务的用人单位继续履行。

由此可见，首先，我国立法基本上采取了“法定的契约承担方式”，劳动立法也初步确立了劳动合同承继制度。无论新雇主是否愿意承继原劳动合同，当企业发生劳动法上所规定的变动形式时，劳动合同自动由新雇主承继，新雇主取代了旧雇主在原有劳动关系中的地位，并在企业并购时加入到原有劳动关系中，原劳动关系中的权利与义务由新雇主承担。劳动关系的承继制度既保护了既有劳动关系，得以继续维系其稳定性，也使得新雇主保有熟练劳动者。同时，也确保了企业工会职能的继续发挥。

但是，我国对于承继制度的配套性立法并不完善，仅在个别条款作出了刚性决定，并没有形成比较完备的制度体系。尽管地方规范性文件有所关注，如《天津市人力资源和社会保障局关于劳动合同订立、履行、变更、解除和终止等有关问题的通知》第（八）项规定：“符合《劳动合同法》第33条、第34条规定情形的，劳动合同继续履行。用人单位名称变更的，应及时告知劳动者。”虽然这项补充性规定提出了劳动合同承继过程中要注重保障劳动者的知情权，但究其本质，仍然只是重复劳动合同立法中的规定：刚性履行承继制度。

特别一提的是《福建省进一步规范企业劳动合同订立、变更、解除和终止的办法（试行）》第 7 条。该条规定：“符合《劳动合同法》第 33 条、第 34 条规定情形的，劳动合同继续履行。需要重新签订劳动合同的，新签劳动合同的内容与原劳动合同一致的，应视为原劳动合同继续履行。若新签劳动合同的内容与原劳动合同约定不一致，应经双方协商一致后重新签订；协商达不成一致意见解除劳动合同的，用人单位应支付劳动者经济补偿金。”这一条款在确认劳动合同承继有效性的同时开始关注承继过程中产生的新问题，对新合同约定不一致或协商后仍达不成一致的情况如何处理作了补充。尽管如此，其实质仍然是维护承继制度的绝对刚性，国家管治完全取代个人自治，在企业并购的过程中，劳动者没有权利选择是继续留在并购后的企业工作还是解除原有劳动关系。为了达到劳资关系稳定的目标，以劳资关系双方丧失自主决定权为代价的立法是偏颇的，不完备的。为避免国家陷入“代为思考”“好心办坏事”的尴尬处境，探讨劳动合同承继制度中劳动者是否具有拒绝留用的权利不仅具有实践意义，还具有理论意义。

（五）构建劳动者拒绝留用权体系的路径选择

“运用司法三段论进行法律推导的逻辑前提是与具体案件相对应的法律规范存在。”[1] 如上所述，劳动者拒绝留用权在现行立法中的空白导致法律适用大前提严重缺失。面对企业并购行为，虽然劳动合同法规定了承继制度，但这一制度的绝对刚性却以丧失劳动者自主选择权利为代价。如何在稳定劳动关系基础之上尊重个人的意思自治，如何在政府管制与私主体自治中寻求平衡，是劳动立法必须面对之题，亦是劳动者拒绝留用权建立之现实必要性。其权利体系如何建立一方面应考量其立法体例如何选择，另一方面，更应注重赋予权利的同时特别是劳动者行使拒绝

---

[1] 卢佩.“法律适用”之逻辑结构分析［J］. 当代法学，2017（2）：98.

留用权后与之相配套的救济措施如何与现有劳动法律制度衔接与协调。

1. 如何选择立法体例?

从劳动合同法立法中可以得出，劳动合同承继制度仅适用于企业的合并与分立两种情形。因此，现有立法框架内确立劳动者拒绝留用权有两种立法例可以选择：第一，统一标准，即无论企业合并还是分立，均赋予劳动者拒绝留用的权利。第二，区别对待，区分合并与分立的不同情形，在不同的企业并购情形下设立劳动者拒绝留用权。后者立法例中又可区分为合并、分立的不同情形。日本与我国台湾地区即为两种不同模式之代表。

日本法采用的是多元模式。日本法认为，当企业合并时，新旧企业无商定留用员工的权利，劳动者在获得留用后，同样没有拒绝留用的权利。对于企业的分立，劳动者则享有附条件的拒绝留用权。之所以采取这种多元的处理方式，是因为日本法认为，即便《日本民法》第625条规定了劳动给付请求权具有人身专属性，但企业的合并从本质上并未影响组织的一体性，合并前后企业组织的同一性得以继续维系，因此劳务请求权的主体实质上并未发生移转，企业合并的情形也就不违反劳务请求权人身专属的性质，自然排除了《日本民法》第625条的规定。也就是说，当企业合并时，无论劳动者是否同意，被雇主留用的劳动者与原企业之间的劳动合同由存续企业或新设企业概括承受，劳动者无拒绝留用的权利。对于企业的分立，劳动者则享有附条件的拒绝留用权。日本《公司分立劳动合同承继法》第5条规定，由分立公司所雇佣，从事设立公司所继受营业的劳动者（非主要业务），如经分立计划书载明其劳动合同由设立公司继受，得于接到通知后起的特定期间内，向分立公司提出异议。劳工提出前述异议者，其劳动合同不得由设立公司继受。

我国台湾地区有关规定采取的是单一模式，对于企业组织发生变动后雇主商定留用的劳动者是否拥有拒绝留用的权利，有比较统一的见解。对于企业的合并、分立与营业转让三种情况均承认劳动者享有拒绝留用的权利。依据权利义务概括承受法理，新企业对变动前企业的债权债务关系自动继受，对劳动契约与其他债权债务关系采用同一处理方式，新企业当然地取得对劳动者的劳务给付请求权，无须征得个别劳工的同意。作为被新企业概括承受的劳动契约中的一方当事人，劳动者对此无拒绝留用的权利。但是，实务界对概括承受的法理存有不同看法。他们认为劳务专属性理论是对概括承受法理的破坏。根据劳务专属性理论，员工被新旧雇主商定留用后，如不愿继续履行前劳动合同，则可依据相应的法律条款予以拒绝，并获得相应的资遣费。台湾地区“企业并购法”开始实施后，关于劳工是否享有拒绝留用的权利，已有明确规定。“企业并购法”第 16 条规定：“并购后存续公司、新设公司或受让公司应于并购基准日 30 日前，以书面载明劳动条件通知新旧雇主商定留用之劳工。该受通知之劳工，应于受通知日起 10 日内，以书面通知新雇主是否同意留用，届期未为通知者视为同意留用。前项同意留用之劳工，因个人因素不愿留任时，不得请求雇主给予资遣费。留用劳工于并购前在消灭公司、让与公司或被分割公司之工作年资，并购后存续公司、新设公司或受让公司应予以承认。”第 17 条同时规定：“公司进行并购、未留用劳工及依前条第一项不同意留用之劳工，应由并购前之雇主依‘劳动基准法’第 16 条规定期间预告终止契约或支付预告期间工资，并依法发给劳工退休金或资遣费。”由这两条规定可以看出，台湾地区对于企业合并时新旧企业主商定留用的劳工确立了拒绝留用权。而关于企业分立、企业的营业转让等，均以“企业并购法”第 16 条的规定为依据，劳工本人拒绝的意思表示直接决定了雇主商定留用的劳工是否在新企业中继续提供劳务。[1]

笔者认为，劳动者的拒绝留用权应采用单一模式。首先，现有立法并未区分企业的合并与分立，都规定了企业的概括承继义务，因此，在现有法律框架内并无区分合并与分立的必要性。其次，无论是企业的合并、分立，均发生合同一方主体的变化，企业并购后，其组织实体内部架构发生变换的事实直接对劳动者对未来工作的预期产生影响，因此，劳动者均应享有拒绝留用的权利。

2. 能否利用现有经济补偿金制度予以救济？

劳动者行使拒绝留用权后是否有权利获得经济补偿金，是存在争议的重要问题之一，这个问题的本质在于经济补偿金性质与功效的认定。对于经济补偿金的性质，学界持有不同观点。持补偿说的观点认为：经济补偿金是对劳动者在用人单位所作贡献和取得成果的补偿，劳动合同终止时，用人单位应根据工龄支付一定数额的补偿款。[2] 据此，只要劳动者在用人单位工作过，具有一定的工龄，并对用人单位作出了一定的贡献，则劳动合同终止时，用人单位均要支付相应的补偿。企业并购时，劳动者行使拒绝留用权会导致劳动合同终止，因此企业需要支付一定的经济补偿金。

持违约金说的观点认为，经济补偿金的实质是企业因未履行劳动合同上的义务而需承担的违约责任。据此，劳动者行使拒绝留用权虽会导致劳动合同的终止，但并不是企业承担经济补偿金义务的前提。企业是否承担经济补偿金要看企业是否存在法定的违约行为。而事实上，企业的并购中，如果企业按照法定要求履

[1] 黄馨慧. 企业并购中之个别及集体劳动关系［C］//台湾“劳动法学会”. “劳动基准法”释义：施行二十年之回顾与展望. 台北：新学林出版股份有限公司，2005：196－200.

[2] 王全兴. 劳动法［M］. 北京：法律出版社，2004：153－154.

行劳动合同承继制度下的承继义务，劳动合同并没有因此而终止，而是由并购后的企业承担，劳动合同的终止是因为劳动者的主动拒绝、自我之选，因此并不能视为企业的违约，企业自然不需要支付相应的经济补偿金。

持社会保障说的观点认为，经济补偿金起到的是帮助作用，是国家要求用人单位在劳动者没有劳动收入的情况之下给予劳动者的经济保障。从现行立法规定来看，我国采取的是违约金说与社会保障说相结合的模式。《劳动合同法》第46条规定的经济补偿金的适用范围主要包括两类：一类是用人单位具有过错，如劳动者依照第38条规定解除劳动合同；另一类是用人单位不具有过错，即用人单位依据第36条、第40条、第41条第1款解除合同。也有学者将其概括为具有社会保障金属性的金额给付。[1]企业并购时，劳动者行使拒绝留用权会导致劳动合同终止，虽然企业并不存在具有过错的违法与违约行为，但从现有的法律框架以及劳动立法对于经济补偿金的性质的认定角度考量，为了保障劳动者在失去工作之时能较体面地生存，企业仍然要支付一定的经济补偿金。与其类似的是台湾地区的资遣费，它的性质是“兼具失业保险与退休金给付之双重功能，及以经济成本预防雇主恣意解雇劳工的预防解雇功能”[2]。

企业发生并购过程中，因为劳动者主动行使拒绝留用的权利而导致劳动合同终止是否属于企业的违约行为？笔者认为：首先，劳动合同的承继制度是劳动合同法赋予用人单位的法定义务，当原企业将劳动合同过继给新企业时，原企业即完成了法的义务，劳动合同的终止是因为劳动者的自由选择而导致的结果并

---

[1] 王天玉．经济补偿金制度的性质：兼评我国《劳动合同法》第46条［J］．社会科学战线，2012（3）：269．

[2] 陈建文．“劳动基准法”第二十条之研究［J］．政大法学评论，2003（74）：355．

非企业的违约行为，因此，企业不产生法定的违约责任。其次，拒绝留用权是一项自主选择的权利，劳动者可以行使，也可以放弃。事实上，劳动合同承继制度在一定程度上已经保障了劳动关系的稳定性，劳动关系并没有因为企业发生变动而产生不稳定性，劳动者选择行使拒绝留用的权利，是他权衡成本与收益后的理性选择，是其自己终止劳动合同的法律行为，因此，并不能将其归于企业的违约。此外，企业支付经济补偿金的帮助作用，是对没有劳动收入的情况下给予劳动者的经济保障，经济补偿金又“是员工在被动结束劳动关系时，企业承担的一项法定帮助义务”❶。劳动者行使拒绝留用权是主动结束劳动关系，面临的失业风险又可以被失业救济制度化解，因此，企业不再需要支付劳动者经济补偿金。否则就会出现“我国存在着失业救济制度，又有经济补偿制度，制度资源浪费严重”❷ 的情形。

---

❶ 董保华. 锦上添花抑或雪中送炭：论劳动合同法的基本定位［J］. 法商研究，2006（5）：47.

❷ 董保华. 劳动合同法中经济补偿金的定性及其制度构建［J］. 河北法学，2008（5）：47.

第六章　企业并购与现行劳动立法相关制度的协调

第一节　不当劳动行为禁止制度

现代国家劳动者与雇主缔结劳动合同后，因为经济、社会地位的不平等而导致劳工问题频发，对于劳动者的人权保障，“中国的劳动关系正由个体劳动关系调整模式向集体劳动关系调整转型”[1]，劳动者对于劳动条件、劳动标准等通过集体行动与雇主进行协商谈判已呈多发之势，集体协商逐渐成为理论界与实务界共同面对的重要议题。集体协商若想落到实处，则必须赋予劳动者团结权，[2] 当雇主利用其优势地位，实施针对劳动者和工会团结权以及集体协商权的侵害行为时，如何防止、矫正这种侵害行为，并对受害者加以法律救济便成为现代国家的重要课题。不当劳动行为禁止制度正是解决这一问题的关键。

---

[1] 常凯．劳动关系的集体化转型与政府劳工政策的完善［J］．中国社会科学，2013（6）：91．

[2] 本书中团结权采广义说，即劳动者成立工会并通过工会进行集体谈判和集体行动等手段来维护自己利益的权利，一般包括组织工会权、集体谈判权和劳动争议权。

一、不当劳动行为禁止制度的设立目标及价值取向

不当劳动行为禁止制度是一项舶来制度，要对其进行移植与借鉴，还应从制度源起与制度演进的进程中寻找其设立的目标与价值取向，以寻求符合我国劳资发展现状的经验。

（一）不当劳动行为禁止制度的设立目标

不当劳动行为禁止制度为什么会出现？这源于世界经济格局自英国工业革命起发生的巨大变革。生产方式与生产工具的改变导致生产资料所有权开始转移至雇主，雇员转而开始实际执行制造工具与机器的操作，雇主和雇员开始分化。雇员与资本所有者进行交换的唯一条件是自身的劳动力，以此换取工资收入来维持生存。这意味着“无产者为谋生存，只得把自己的劳动力出卖给资本家使用，以取得用于购买生活资料的工资；资本家为使资本增值，就必须以支付工资的方式购买无产者的劳动力，使之与其生产资料结合，以实现劳动工程”。[1] 在这样的交换过程中，雇员开始丧失完整的独立性，从属于雇主，并逐渐成为资本的附庸。但是，个人主义仍为当时资本主义国家的主流思潮，以倡导绝对的自由放任为主，这反映在当时的立法上便是占据统治地位的契约自由理论。而反观劳资关系，雇员与雇主讨价还价的空间正在逐步压缩甚至基本处于丧失之态，雇主与雇员实质上的不平等地位导致各种劳工问题频繁出现。

对于这一现实问题，国家一般通过两种路径来进行解决：一种为国家直接干预。为保障劳工的基本权益，对于雇主所承担的义务，国家以立法的方式明文规定予以规制。另一种为赋予雇员团结权。赋予雇员组织工会的权利，并由工会作为雇员的代表，与资方即雇主或雇主团体进行集体谈判，缔结集体合

[1] 王全兴．劳动法［M］．2 版．北京：法律出版社，2004：3.

同，双方的权利与义务以立法予以明确。对于后种路径，则必须以制度作为保障来促进劳资两方主体在集体协商谈判中的平等地位。对于雇主干涉、压制或胁迫劳工组织的行为，在充分注意到平衡各方利益需求前提之下，将雇主威胁阻止劳工行使组织工会、行使工会权利的几种行为列入法案，这些行为被称为“不当劳动行为”。❶

由此可见，不当劳动行为禁止制度是为了解决随劳动关系的转移所引发的一系列劳工问题，维护劳资双方在集体协商中的平等地位，保障劳工建立集体组织以及进行集体协商的权利，限制雇主权利而确立的一项制度。

（二）不当劳动行为禁止制度的价值取向

“不当劳动行为（unfair labor practices）禁止制度最早自美国发展而成，原系指为将实质维持企业间自由竞争秩序之不公平竞争（unfair competition）原理或不当商业习惯（unfair trade practice）法理应用于劳资关系，以保障劳工之团结权。”❷ 也就是说，所谓不当劳动行为是指：在工会的组织力量与协商力量与雇主相比较弱的情况下，雇主单方面作出的可能对劳动者的团结权产生不良影响或对团体协商权进行限制等行为。这也是美国立法对于不当劳动行为的最初定义。美国开始正式构建不当劳动行为禁止制度是从 1935 年的《国家劳工关系法》开始，该法具体列举了五类雇主所从事的不当劳动行为，并予以明确禁止。同时，确立了雇员的团结权、选举代表权以及就相关事项与雇主进行集体协商的权利。并设立了国家劳工关系委员会❸，执行因为雇主所行使不当劳动行为而引发的劳资争议。

---

❶ 周剑云．美国劳资法律制度研究［M］．北京：中央编译出版社，2009：147.

❷ 叶建廷．日本不当劳动行为制度之研究［J］．劳工研究季刊，1997（126）：57.

❸ 美国国家劳工关系委员会主要实施《国家劳工关系法》，保障员工成为工会会员和行使组织工会的权利。

随后“二战”爆发，在此过程中，美国工会的力量逐渐强大，“美国工会行使其罢工权对战时社会经济秩序的平稳运行构成了不小的冲击，由此在事实上为反对工会的保守派力量提供了某些限制工会权利的理由”。[1] 社会舆论认为工会的强势既违背了理论上的工业和平理念，又造成了实践中劳资关系不稳定的不良后果，因此，要求工会组织承担更多社会责任的呼声越来越高，对工会组织的一些不当劳动行为的指控也开始出现，美国立法开始面对修订压力。1947 年美国国会颁布《劳资关系法》(Labor Management Relations Act of 1947, LMRA)，俗称《塔夫脱－哈特莱法》。这部立法是对 1935 年《国家劳工关系法》的修正，认为工会的力量如果强大到可以与雇主抗衡，甚至凌驾于雇主之上时，为了达到劳资力量的平衡，限制工会的不当行为便具有了一定正当性与必要性。因此，该法特别对工会罢工权进行了限定，共禁止工会及其代理者的七类不当劳动行为。随后在 1959 年的《劳资报告及公开法》(Labor Management Reporting and Disclosure Act of 1959, LMRDA) 中又提出了工会第八类不当劳动行为，即禁止工会与雇主缔结“热货”(hot cargo or hot goods) 协议[2]。至此，现代美国劳资关系中的不当劳动行为法律制度及调控机制最终确立。

由此可见，美国所禁止的不当劳动行为是集体劳动关系中双方主体所实施的不当行为，并非调整个体劳动关系的法律制度，法律关系的双方主体分别为雇主与工会，并依据行为主体的不同，划分为两类：一类主体为雇主，即雇主因其强势的经济地位

[1] 周剑云. 美国劳资法律制度研究 [M]. 北京：中央编译出版社，2009：155.

[2] 所谓的热货协议是指集体合同中的条款要求雇员拒绝向雇主提供集体合同中所列举的特定服务。举例来讲，热货协议的条款存在于一些处于中间位置的如仓库类企业，可以拒绝处理货物。大部分的热货协议都是违法的，但是也有一些例外，如建筑业与成衣业便不受此协定的限制。引自 [EB/OL]. [2011－11－01]. http：//definitions. uslegal. com/h/hot－cargo－clause/.

所行使的反工会的不当行为；另一类主体为工会，即工会因自身力量发展壮大而行使的损害雇主权益的不当行为。

再观日本立法，不当劳动行为禁止制度也相对完善，其立法的一大重要特点是延续了美国的相关立法，以美国立法为蓝本，但又不尽相同。在日本，规制不当劳动行为的立法主要为《日本工会法》。1945 年颁布实施的《日本工会法》首次对雇主给予工会会员的不利待遇予以禁止，雇主与员工不得签订以不参加工会为条件的“黄犬契约”（yellow - dog contracts）[1]，同时还设置了相关法律责任条款，即违反此项禁止性规定可能承担的刑事责任。但是司法实践并未与立法得到协调，由于刑事责任的处罚过于严苛，司法判决中几乎很少使用此项条款，《日本工会法》不得不作出新的调整。1949 年《日本工会法》的修订有两项重要内容：①用行政责任取代了刑事责任，实施救济措施的机构为劳动委员会，劳动委员会可责令相关主体对不当劳动行为进行改正。首先由地方劳动委员会（地方的三方组织）负责各地区的劳动争议的处理。②将不当劳动行为的内涵进行了拓延，增加了禁止雇主拒绝谈判、禁止雇主控制工会或者干涉工会管理等新的禁止性规定。[2]

美国、日本两国的不当劳动行为的制度设计相比较，虽然都在相关立法中确立了不当劳动行为禁止制度，但对于不当劳动行为的认定，却存在联系与差异。两者均以雇主与工会间存在的集体劳动关系为前提；差别之处在于：美国的雇主与工会均为不当

[1] 黄犬，是指因为胆怯而卑躬屈膝的犬类。而所谓的黄犬契约，是以放弃劳动基本权作为雇佣条件而追随雇主的契约，也就是说，以劳工不加入工会或从工会退出作为雇佣条件，此种契约附款一般被称为黄犬契约。在英美，黄犬契约一般为雇主惯用的工会战术，雇主经常利用此伎俩在劳动契约成立前，就开始抵制契约成立后的工会活动，从而对团结权构成了侵害。

[2] 荒木尚志．日本劳动法［M］．增补版．李坤刚，牛志奎，译．北京：北京大学出版社，2010：145－148.

劳动行为行使的主体，任何一方存在反工会或者有损雇主权益的行为都构成不当的劳动行为。相比而言，日本的不当劳动行为仅指雇主单方面作出的反工会的不当行为。两类立法之间的差异性正是立法理念上存在差异的表现。美国的不当劳动行为禁止制度旨在促进劳资和谐，以劳资双方交涉力量达至平衡为手段，并借此规范劳资关系。与美国立法相比，日本不当劳动行为禁止制度设立的目的更侧重于防止雇主利用其优势地位实施侵害劳动者基本权益的行为，促使雇主承认工会并能将工会视为平等的协商对象，以促进集体协商顺利进行。

二、我国不当劳动行为禁止制度内涵确立的路径

如上所述，美国、日本不当劳动行为禁止制度是调整集体劳动关系的一项具体制度。事实上，我国台湾地区“工会法”第35～37条也明确引入并确立了这一制度。台湾地区“工会法”第35条第1项规定，雇主或其代理人，不得因工人担任工会职务，拒绝雇用或解雇及为其他不利之待遇。“本条中明确规范禁止之不利对待有：拒绝雇用、解雇及其他不利之待遇。其中不利之待遇包括：违反法令、契约或习惯上降级、减薪、调职、资遣及不加薪、不加给奖金或其他处分，以损害劳工权益者而言。”[1]同时在第36条与第37条规定，雇主或其代理人，对于工人，不得以不任工会职务为雇佣条件。在劳资争议期间，雇主或其代理人不得以工人参加劳资争议为理由解雇之。可见，台湾地区不仅确立了不当劳动行为禁止制度，同时还对其进行了类型化区分：禁止雇主以工人担任工会职务为由，对其行使不利待遇；禁止雇主以工人不任工会职务作为雇佣条件；禁止以参加劳资争议为由解雇工人。从台湾地区的规定来看，虽然其并未继受美国相关制

[1] 参见台湾地区“内政部”1983年9月10日台内劳字第18005号函。

度之全部，在近年来的学理探讨中也出现了不同观点，[1] 但当前的相关文件规定、设立目标与价值取向基本与美国和日本保持了一致。

反观我国大陆地区引进不当劳动行为禁止制度应如何选择，笔者认为，应从以下两条路径进行论证。

（一）是否排除个体劳动关系？

不当劳动行为禁止制度的确立是否排除个体劳动关系，仅限于在集体劳动关系中？从法的体系化考量，不当劳动行为禁止制度的适用范围取决于其具体规定列入劳动基准法框架内还是集体合同框架中。如在集体合同制度框架中确立不当劳动行为禁止制度，则此项制度仅适用于雇主与工会之间。反之，则不仅适用于集体劳动关系，同时适用于个体劳动关系。从不当劳动行为制度产生的目的性考量，其设立的最初目的是针对恶意侵害集体协商的不当行为，并非调整个体劳动关系。因此，将其纳入集体合同框架内进行调整不失为一个明智之选。但是，一旦规则如此设定，是否会对雇主的行为方式产生影响，即利用个体劳动关系掩盖不当劳动行为之实以规避不利益后果？也就是说，如雇主放弃对于劳动者担任工会职务或参与劳资争议对其行使不利益对待，转而利用劳动基准法的规定以行不当劳动行为之实，不当劳动行为禁止制度便极易沦为空谈。如何在立法上弥补此漏洞，笔者认为，为了达成保护劳动者利益的价值目标，同时为集体协商提供制度保障，不当劳动行为禁止制度应区分为广义与狭义之理解。狭义的不当劳动行为具体制度主要调整集体劳动关系，而广义的

---

[1] 如台湾地区有学者认为：台湾的“劳动基准法”第 74 条第 1 项、第 2 项规定，劳工发现事业单位违反该“法”及其他劳工法令规定时，得向雇主、主管机关或检查机构申诉。雇主不得因劳工为前项申诉而解雇、调职或其他不利之处分。由此可知，其所规范的行为与不当劳动行为禁止制度的概念相同，只是未使用不当劳动行为的概念，可视为广义上的不当劳动行为禁止制度。

不当劳动行为则存在于劳动基准法之中。这种制度选择与起源于美国、日本的不当劳动行为禁止制度一脉相承却同时存在一定程度的差异。[1]

（二）是否为仅限雇主单方之规范？

不当劳动行为禁止制度是规范雇主行为的单方面限制，还是对于雇主与工会双方行为之规范？从世界工会运动与工会力量的不同发展阶段来看，大体可将其分为四个阶段：法禁、放任、助涨、限权。从最初的法的明文禁止成立工会，到法无禁止且任由工会自由设立，再到立法保护工会行使权利与促进工会发展，最后发展为以立法方式限定工会行为，这也反映出国家立法对于工会发展的态度与立场。美国对不当劳动行为的认定采双方主体说，是其工会发展程度所决定的。美国工会运动发展已基本经历了前三个阶段，工会可支配力量强大，具有组织罢工以此来对抗雇主以迫使雇主妥协之力。因此，为了保护经济的秩序化发展，避免工会滥用自身权利造成劳资纠纷的无限制扩大，美国立法对工会采取了一定程度的限制，对于工会依自身强大力量行使的有损雇主权益的行为进行了禁止。相较于美国工会，我国工会仍处于较低层级的发展水平，工会组织经常处于被雇主干涉的状态，工会负责人与雇主联系密切，甚至发生串通，导致工会形同虚设。工会在解决劳资矛盾时所起的作用极其有限，在集体协商中无法取得与雇主对等的地位，无法真正实现集体协商以满足劳动者的诉求。由此可见，我国工会发展所处阶段与美国不同，其实力还无法做到与雇主相抗衡。因此，一味仿效美国不当劳动行为禁止制度的立法例，对工会权利进行限定，并不能对我国集体协商起到积极促进作用，反而易造成毁灭性的打击。从鼓励工会发展立场出发，我国立法不应采取将工会的不当行为纳入不当劳动

---

[1] 本书主要在狭义的不当劳动行为范畴内进行讨论。

行为禁止制度范畴之内，在集体劳动关系中，不当劳动行为禁止制度的主体应仅限定于雇主一方。

综上，我国立法在保护集体协商设立不当劳动行为禁止制度时，应做广义与狭义理解之分，并将狭义的不当劳动行为禁止制度列于集体劳动关系框架内。同时，对比当前劳资双方力量，工会对于雇主的不当行为，暂时不应纳入不当劳动行为禁止制度范畴之内，不当劳动行为禁止制度的主体仅限于雇主。

三、我国不当劳动行为禁止制度应突破的困境

我国与集体合同相关的立法，大多集中在《劳动法》《劳动合同法》与《工会法》及其相关实施条例中，而不当劳动行为禁止制度在这些立法中并未得到明确确立。由此可见，我国对于此项制度仍然处于比较、借鉴的阶段，这与我国劳工运动的传统与发展现况是密切相关的。我国相对缺乏劳工运动传统，导致工会的角色没有较好定位，不当劳动行为禁止制度的发展基础相当薄弱。随着劳动者维权意识增强与集体维权行动数量的增加，为了保障集体协商制度顺畅运行，不当劳动行为禁止制度必然是增加社会力量不可回避的议题。除厘定不当劳动行为禁止制度的内涵与外延之外，确立此项制度还应突破如下困境。

（一）规范不当劳动行为的类型

确立不当劳动行为禁止制度的基础是将不当劳动行为的类型规范化。考察美国、日本两国所确立的不当劳动行为的类型可以看出，根据《美国劳工关系法》第 8 条（a）（1）至（5）的规定，雇主的不当劳动行为共有以下五种主要类型：① 妨碍、限制或胁迫受雇者行使该法第 7 条所保障的权利；②支配或妨碍劳工组织的组成或营运，或给予财务或其他援助；③鼓励或阻止受雇者加入劳工组织，而在雇佣、任期或其他雇佣条件上采取差别待遇；④对依据该法提出申诉或作证的受雇者，给予解雇或其他

方面的差别待遇；⑤拒绝与协商单位内过半数以上受雇者所选出的协商代表，以诚信的态度协商有关工资、工时及其他的雇佣条件。[1]“日本的不当劳动行为主要包括不利益对待和拒绝集体谈判两个方面，前者是指雇主以劳动者加入和组建工会，或者进行工会的正当活动为理由对这些劳动者进行解雇和实施其他不利益对待；后者是指雇主没有正当理由，对工会的集体谈判加以拒绝或进行不诚实的集体谈判。”[2]

事实上，国际劳动法学界公认的“不当劳动行为”主要是指差别待遇、雇主拒绝集体谈判、控制和干涉工会等行为，其中差别待遇被认为是最主要的“不当行为”。差别待遇包括经济上的差别待遇、精神上的差别待遇与工会活动上的差别待遇。经济上的差别待遇，如雇主针对雇员的解雇行为、降职停职行为、工作职位调动行为、减少薪水及停止升迁等；精神上的差别待遇，是指在工作过程中，雇主并非因工作中的原因给予雇员额外的负担或精神压力；工会活动上的差别待遇是指雇主影响工会活动的行为。这类行为不影响雇员的个人利益，是雇主以干扰和影响工会活动为目的而实施的如对工会干部予以平调等行为。

我国不当劳动行为类型的具体化，应对我国过去集体劳资争议的经验进行检讨与总结，同时参照以美国、日本为主的外国立法例，制定出本土化的不当劳动行为类型。这一目标的关键在于如何确立不当劳动行为类型化的划分依据。笔者认为，依据雇主破坏劳动者权利种类而划分出不当劳动行为的具体类型可作为参考路径。也就是说，不当劳动行为的类型具体有哪些分类，取决于劳动者被侵害的权利种类。综合美国、日本以及国际劳动法学

---

[1] 焦兴凯．美国不当劳动行为裁决机制之研究［EB/OL］．［2015－06－30］．“台湾政策研究基金会”．

[2] 田思路，贾秀芬．论日本“不当劳动行为”的法律构成［J］．金陵法律评论，2012（1）：66.

界的主流观点，劳动者在集体协商过程中易被侵害的权利主要有结社权、集体协商权以及争议权。与之相对应，不当劳动行为侵害结社权的具体行为主要有：雇主影响、限制、妨碍工会的成立、组织或活动；因劳动者担任工会职务、拒绝雇佣或解雇的行为，或以不任工会职务为雇佣条件的行为。侵害集体协商权的行为主要有：对于劳动者提出集体协商或参与集体协商相关事务的要求，无正当理由拒绝或对其实行不利益待遇。侵害争议权的行为主要有：雇主因工人参加劳资争议而对其进行解雇的行为。

（二）建立不当劳动行为禁止制度救济及裁决机制

当前，我国协调劳动关系的法规体系基本雏形已经建立，包括《劳动合同法》《工会法》《就业促进法》《劳动争议调解仲裁法》和《社会保险法》在内，都是其重要组成部分。研究不当劳动行为救济机制的意义在于，从理论上探讨我国建立不当劳动行为禁止制度是否具有可能性与合理性，并以国家强制力为手段保障劳动者的团结权，建立一种合理机制以抵制雇主的专断力，并最终实现集体协商中的劳资关系平衡。具体来说，建立不当劳动行为禁止制度的目的在于，当雇主以行使不当劳动行为的手段迫害劳动者行使集体协商权利之时，避免求助无门的窘境发生。在美国，为了实现对于不当劳动行为受害者的快速救济，设置了具有独立性的行政委员会即国家劳工关系委员会。行政委员会的性质决定了不当劳动行为的直接救济并非法院而是国家劳工关系委员会。同时，国家劳工关系委员会的独立性体现在，它既不同于美国的劳工部，也并非设置于劳工部之下的机构。美国国家劳工关系委员会创设的目标是创建一个裁决程序公正、维护劳工权利并能排除雇主妨害的独立性组织。之所以没有将其设置在美国劳工部之下，是因为其人事的安排及财务预算易受到影响，避免其调解的机能与准司法的机能发生混淆。

日本不当劳动行为救济制度是通过《日本工会法》规范实

现的。可以说，工会法中的不当劳动行为救济制度是《日本宪法》第28条的落实，其设立的目的是为了保护劳动者团结权，促使雇主承认工会并且保护工会成为与雇主具有平等地位的协商对象，以保障集体协商得以实现。为了达成这一目标，日本设置了独立专门处理机构即日本劳动委员会来处理相关争议，提供救济途径。日本的地方劳动委员会，首先在各地区负责劳动争议的处理和救济，而在东京的中央劳动委员会，则对不当劳动行为采取进一步的行政救济。《日本劳动省设置法》《日本劳动省组织令》及《日本劳动省组织规程》中都明确规定了劳动委员会及其机关的法律地位。

我国《工会法》第52条规定，当雇主行使的不当劳动行为影响了劳动者或工会工作人员，可据此要求雇主承担相应民事责任。[1] 同时，第50条、第51条规定了雇主的行政责任以制止不当劳动行为的行使。[2] 而在实践操作中，劳动行政部门更倾向于行政责任的适用。对于雇主的民事责任，“尽管宪法规定了公民的结社权，《工会法》也确认了雇员组织和加入工会的权利，但是，我国《工会法》却没有为雇员行使集体劳动权时受到损害的劳动权益提供有效的救济措施，这使得《工会法》第52条有

---

[1] 《中华人民共和国工会法》第52条：“违反本法规定，有下列情形之一的，由劳动行政部门责令恢复其工作，并补发被解除劳动合同期间应得的报酬，或者责令给予本人年收入2倍的赔偿：（一）职工因参加工会活动而被解除劳动合同的；（二）工会工作人员因履行本法规定的职责而被解除劳动合同的。”

[2] 《中华人民共和国工会法》第50条：“违反本法第3条、第11条规定，阻挠职工依法参加和组织工会或者阻挠上级工会帮助、指导职工筹建工会的，由劳动行政部门责令其改正；拒不改正的，由劳动行政部门提请县级以上人民政府处理；以暴力、威胁等手段阻挠造成严重后果，构成犯罪的，依法追究刑事责任。”第51条：“违反本法规定，对依法履行职责的工会工作人员无正当理由调动工作岗位，进行打击报复的，由劳动行政部门责令改正、恢复原工作；造成损失的，给予赔偿。对依法履行职责的工会工作人员进行侮辱、诽谤或者进行人身伤害，构成犯罪的，依法追究刑事责任；尚未构成犯罪的，由公安机关依照治安管理处罚条例的规定处罚。”

关民事责任的规定沦为花瓶条款”。[1] 为了改变这一现状，笔者认为，对于不当劳动行为的救济制度，即劳资争议处理的裁决机制，应建立一种介于行政与司法之间的准司法机制。这种机制应属于诉讼外纠纷解决机制（ADR），其优势在于更符合中立性的要求，既体现行政的快速，又赋予了司法的效力。同时，这项机制必须保证劳资争议不能丧失进入司法裁决的可能性，保留当事人针对裁决结果诉诸法院的救济途径。当然，裁决机制的建立不能脱离具体要素，如裁决机制的发动、组成、程序、裁决得出、效力及救济等问题，这仍然有待于进一步探索。

总之，在劳动关系向集体化转型的时代，完善集体劳动立法是劳动关系集体化调整的基础。不当劳动行为禁止制度在立法上的确认与完善正是鼓励劳资进行平等对话的集体协商制度得到贯彻与落实的基础。虽然不当劳动行为禁止制度中对于“不当”的认定，不确定的法律概念偏多，仍然需要进一步定义与阐释，短期内未必产生直接的期待效果，但是，这并不能排除其正面的积极效用。只有相关保护集体协商立法的确立才能改变工会行政化倾向，将我国集体协商制度推向正轨。“通过特殊保护的手段，达致双方利益上的平衡和劳动关系的协调才是劳动法的调整目标。”[2]

第二节　企业并购中工作规则不利益变更行为评析

正如有学者所言：“我国劳动合同承继制度中应该包括两项禁止性的制度内容，以此否定在公司组织变动过程中的公司方面

[1] 叶姗．雇主不当劳动行为的民事救济：基于我国和美国不当劳动行为救济制度之比较［J］．北方法学，2012（4）：93－94．

[2] 杜宁宁．权利冲突视野下的劳动者知情权问题研究［J］．当代法学，2014（5）：123．

单方做出的有违公正的不当劳动行为。这两种行为分别是设立公司以组织变动为由而单方解雇劳动者和组织变动公司不完全承继原劳动合同的条款内容而单方面变更劳动条件和劳动待遇。在性质上，前者属于‘无理解雇行为’，其直接侵犯了劳动者的工作权；后者属于‘不利益变更行为’，其侵犯的是劳动者的报酬权、福利权等。”❶ 由此可见，不利益变更行为是雇主在企业并购过程中针对个人的不当劳动行为的重要表现之一。所谓的不利益变更最初为日本法上的、与不当劳动行为制度相切合的概念。❷ 我国台湾地区对此概念进行了引入，并在实践中开始使用。不利益变更行为是劳动关系持续存续时，雇主对于劳动者的一种不利益待遇，当事人双方过去存在雇佣关系，但雇主因为特定原因有所变更，劳动合同因此由新雇主承继，新雇主对于原劳动合同中的条款进行变更的行为。探讨不利益变更行为，首先要明确不利益变更行为的分类。

不利益变更行为的前提为劳资双方劳动关系存续，通常所指的不利益不仅指“经济上的不利益”，而且包括“精神上的不利益”。❸ 经济上的不利益可主要理解为工作规则❹的不利益变更，

❶ 参见冯彦君．劳动合同的履行和变更［G］//常凯．劳动合同立法理论难点解析．北京：中国劳动社会保障出版社，2008：89.

❷ 关于不利益变更，《日本劳动组合法》第 7 条第 1 款规定了不利益待遇的要件，但是对于雇主究竟实施哪些行为构成不利益待遇，此款除了“解雇”外，并未详细规定，取而代之的是“或者其他不利益待遇”类概括性条款。

❸ 关于此问题，日本学界的传统学说认为雇主的行为得以成立不利益的具体形态包括经济上的不利益、精神上的不利益、生活上的不利益与工会活动上的不利益等四种类型。参见叶建廷．日本不当劳动行为制度之研究［J］．劳工研究季刊，1997(126)：63－64.

❹ 所谓的工作规则是指雇用多数劳工的雇主，为了提升人事经营之效率，有必要统一设定工资、工作时间等劳动条件，同时也须明文规定劳工应遵守之服务纪律。此种劳工须共同遵循之规范，即为工作规则。参照王能君．工作规则与惩戒［G］//台湾“劳动法学会”．“劳动基准法”释义：施行二十年之回顾与展望．台北：新学林出版股份有限公司，2005：335.

具体化为以下3个方面。第一，薪资方面的不利益。工资是劳动契约中最重要的条件之一，是劳动者在谋取工作岗位时考量的重要经济因素。企业在组织形式变动后，基于新形势下经济效益的考虑，对员工最直接的方式即下调工资或者其他津贴，对员工实施不利益变更。[1] 如企业组织形式变动后，在维持变动前劳动条件的前提之下，对合同承继后的员工进行降薪，或者虽然对企业变动后的员工进行加薪，但是加薪的幅度远远低于变动前企业，或者变动后企业对因劳动合同承继进入企业工作的员工与企业原员工在工资等福利待遇实施差别待遇等。第二，工资核定、人事考核方面的不利益。工资核定与人事考核与契约上的一般条款不同，它并非完全遵从双方当事人合议，反而基本由雇主单方进行决定，这种主观性强的特性易造成评价标准的不明确。而另一方面，人事考核与工资核定等又直接决定了劳动者是否能进行升职，以及升职的程度高低。因此，当企业组织形式发生变动导致劳动合同发生承继，劳动者进入一个新的企业中工作时，在工资核定与人事考核时是否应受到与原企业同等待遇，也是值得思考的课题。第三，工作时间、地点、职位（企业内调职、企业外调职）变更的不利益。企业组织形式发生变动后，变动后的企业为节省成本进行有效的市场竞争，常常采用人力资源重整的方式，对承继后劳动者的原有工作时间、工作地点、工作职位等进行改变。如调整原有工作时间，将工作时间从日间调整到夜晚；工作地点从室内调整到室外；职位在同一企业内部变换抑或更换营业场所；同时，随着近年来企业分公司及分支机构的增多，总公司或母公司出于公司整体化考量，将承继后员工在各分公司及分支机构之间调动的现象也日益增多，如出现职位、工作环境与升迁

---

[1] 当然，基于劳动基准法上最低工资支付制度的保护，直接实施工资的不给付在实务上出现的可能性极低，大部分雇主会采用对于津贴、奖金等进行削减等方式降低成本，以增加收益。

机会远不如之前的情形，是否为不利益变更制度所调整，这些也成为不可回避的课题。[1]

工作规则（rules of employment）是对就业规则、工厂规则、雇佣规则、工作规章等一系列名称的简称。考察大陆法系主要国家与地区的立法，各国或地区立法对工作规则的定义并未在立法上存在过于严苛的界分与定义。如德国劳动法学界认为："工作规则（Arbeitsordnung）并非劳动法上的基础性概念，即使到了今天，工作规则也只视为一种规则，它更多反映出的是集体劳资合议下的产物，也并非是联邦宪法所决定，而要看具体问题产生时的法律性质。"[2] 日本劳动法学界将工作规则视为："雇主为在工作场所创设统一的雇佣规则和条件而制定的一套规则体系。"[3] 仅在《日本劳动基准法》第 89 条确立了雇主制定工作规则的权利以及工作规则应包括的具体内容，[4] 并设有在立法上对其进行定义。我国台湾地区的理论界则将工作规则理解为："在现代劳务关系中，因企业之规模渐趋庞大受雇人数超过一定比例者，雇主为提高人事行政管理之效率，节省成本有效从事市场竞争，就工作场所、内容、方式等应注意事项，及受雇人之差勤、退休、抚恤及资遣等各种工作条件，通常订有共通适用之规范，使受雇

---

[1] 参见不利益变更之态样［EB/OL］.［2011－12－12］. http：//nccur. lib. nccu. edu. tw/bitstream/140. 119/32855/6/51036106. pdf.

[2] MATTHES. Münchener Handbuch zum Arbeitsrecht［M］. 3 aufl. München：C. H. Beck，2009：Rn17－18.

[3] 荒木尚志. 日本劳动法［M］. 增补版. 李坤刚，牛志奎，译. 北京大学出版社，2010：41.

[4] 《日本劳动基准法》第 89 条规定，持续雇佣 10 个或 10 个以上劳动者的雇主，必须就下列事项制定规章：（1）开始和结束工作的时间、休息期间、休息日、请假及有关换班事宜；（2）工资的确定、工资的计算和支付、有关工资增长事宜；（3）退休、退休补助；（4）额外工资和最低工资；（5）食品或生活费成本；（6）安全和卫生；（7）职业培训；（8）事故补偿；（9）惩罚；（10）其他适用于工作场所所有劳动者的事项。

人一体遵循，此规范即工作规则。”❶ 工作规则的定义虽没有立法确认，但工作规则对劳动者的影响之大却获得各国一致认可，特别是造成劳动者不利益的工作规则变更如何处理更是各国立法所面临的难题。我国立法及司法指导意见大多对此采取概括、笼统的解决方式，非但不具体，甚至逃避。如何确立工作规则不利益变更的调整规则，构建基于我国劳资关系现状的不利益变更理论，确实值得我们进一步反思。

一、法律性质反思：法规说与契约说

工作规则的不利益变更是指包含解雇在内的，在劳动合同或通过劳动合同而展开的劳动关系上的不利益，显然，这不仅应该包含经济上的不利益，同时也应该包含精神上的不利益。所谓“不利益“是针对劳动者而言的变更，那么何种变更属于不利益变更？工作规则不利益变更应采取何种立法调整方式？这都取决于工作规则的法律性质如何界定。关于工作规则的法律性质，理论界可谓百家争鸣，仅日本学界就达到“四派十三家”之多。对其进行细致梳理后，可将工作规则法律性质的争论概括为以下两类：法规说（Rechtstheorie）与契约说（vertragstheorie）。❷ 各

---

❶ 参照台湾地区“最高法院”1999 年度台上字第 1696 号民事判决，该案涉及的争议为雇主变更其自行制定的退休办法。

❷ 对于此问题，我国台湾地区还存在根据二分说与集体合意说。根据二分说认为工作规则应分为两部分，一部分为关于工资、工时、休假等狭义意义上的劳动条件，为劳动合同所固有内容，因此，若拘束劳工，必须获得劳工同意才能生效。另一部分为劳工在企业内所必须遵守的行为规范，此行为规范的基础为雇主的指挥命令权，因此，雇主只须告知劳工，则其单方制定的工作规则即可生效。集体合意说存在于契约说与法规说之间，其认为劳动条件是劳动契约中存在的重要内容，应以劳资双方的合意为基本原则，但由于工作规则具有统一规范劳动条件的效用，即便个别劳工对工作规则的制定与变更虽有承诺的必要性，但是个别劳工的这一意思表示可通过集体意思予以取代。这一观点取自《德国劳动法》以及《德国企业组织法》（Betriebsverfassungsgesetz）。

派学者大多以此为轴线展开辩论。

（一）法规说

法规说又分为授权立法说与习惯法（Gewohnheitsrecht）、自治法说（Selbstverwaltungtheorie）。“授权立法说认为工作规则乃是雇主在其经营企业内，基于经营权所发动的法的规范权能，故其所制定之规则乃是一种法律。与团体协约同为雇主与受雇人间对劳动契约适用的一种特别契约法规，此说曾为许多学者所采，又称为制定说（Erlasstheorie）。”[1] 此说建立的权利基础是雇主所固有的“经营统制权”，因而具有规范力。而习惯法、自治法说与授权立法说的区别则在于，习惯法说认为工作规则自产生以来就具有习惯法或自治法规的性质，并非建立于某种特殊权利之上，是企业内的惯例，劳工对此具有法的确信，工作规则具有法规范之效力，与劳工同意与否无关。[2]

基于对工作规则性质的不同认识，对于工作规则不利益变更的法律效力认定便呈现出不同。如果工作规则的性质采用法规说，雇主则有权对工作规则进行变更，但是关于不利益变更及对员工是否具有拘束力，学者们则持不同意见。有的认为，雇主享有对工作规则进行不利益变更的权利，且变更的效力及于所有劳动者。即便劳动者对其进行反对，变更也对其具有拘束力。有的认为，雇主享有对工作规则进行不利益变更的权利，且变更的效力及于所有劳动者，即便劳动者对其进行反对，变更也对其具有拘束力。但是与第一种方式不同的是，对于劳动者已经取得且可以实现的权利，应予以保障。[3] 还有学者认为，与前两种方式不

---

[1] 黄越钦．劳动法新论［M］．北京：中国政法大学出版社，2003：139.

[2] 参见黄程贯．劳动法［M］．台北：空中大学，1996：451.

[3] 此为既得权保障之法理的运用。所谓既得权是和期待权相对应的概念，是按权利是否现实取得而划分，主要指已经取得并能享受其利益的权利；期待权是指因法律要件未充分具备而尚未取得的权利。

同的是，他们将工作规则的有利变更与不利益变更区别对待，即雇主虽享有对工作规则进行自由变更的权利，但如此变更为不利益变更时，则需获得雇员的同意。否则，雇主单方面对工作规则进行变更对雇员无拘束力。如果企业在经营上面临不得不进行不利益变更的情形，则必须承担更严密的审查。在此种立法方式中，既得权原理与诚信原则仍将适用。

（二）契约说

契约说与法规说具有本质的不同。持契约说的学者认为，工作规则是一种契约内容，其所以有契约上的拘束力，是因为受雇个人与雇主间对规则所列内容有意思之合意，并同时需经劳工同意才可发生法律效力。契约说又可区分为纯粹契约说与定型化契约说[1]。持纯粹契约说的学者认为工作规则虽然在实际上是由雇主的权力作为该事业场所的行动规范，可是在法律上不具有法的效力，须经过劳工明示或默示的同意为媒介而成为劳动契约的内容，从而规范劳动关系。也就是说，纯粹契约说认为工作规则视为契约的一种，合乎现代法制追求自由、合意的基本理念，雇主单方制定的工作规则，需征得劳工同意后，才能对其产生拘束力。这正是契约的本质所决定，当事人之合意必须由一方提出，并经另一方接受，接受的方式既可为明示，也可为默示。[2]“雇主可以自由地将工作规则予以不利益变更，但是对于劳工不能主张变更后的工作规则当然有效。”[3] 而持定型化契约说的学者则认为，工作规则是由雇主单方做成、变更，对于未对此进行承诺或不知工作规则的员工，纯粹契约说无法说明工作规则如何对其

[1] 定型化契约，在我国也称为格式合同、标准合同、附从合同等。定型化契约为我国台湾地区学者常用之称谓。两者之概念与内涵可暂不作区分。

[2] WOLF L. AGB-GesetzKommentar [M]. 4 aufl. MüNCHEN: C. H. Beck, 1999: Rn21.

[3] 刘志鹏. 论工作规则法律性质之研究 [J]. 律师通讯, 1985 (72): 12.

具有拘束力，而定型化契约可以较好地解决这一问题。定型化契约说认为，雇主可以依据单方的意思表示订立工作规则，也有权利进行内容的变更，且不需征得劳工的同意，只要报请相关主管机关核准后，便对劳工产生拘束力。❶ 换言之，企业为了简化交易并使交易迅速化，常常单方预先决定契约内容。关于契约中的具体条款，雇员大多没有个别磋商的余地，劳工只能服从于相对人单方决定的契约。原始的契约自由已经发生了变质。此时，雇主应承担对契约内容进行明示的义务。如雇主先前进行公示，且变更的内容在合理范围之内，此变更即对劳工产生拘束之效力，而不需获得劳工的同意与认可。

从上述两种学说理论基础考量，笔者认为，首先，经营权理论并不足以支撑起工作规则的法规说，雇主对企业享有经营权不仅表现在它有权利雇用劳工且对其进行管理，同时还体现在企业可独立作出经营决策，自主开展生产经营。因此，雇主与其他经营者、消费者之间的民事行为也可视为与工作规则同类的经营权的一种。如此便意味着，如果雇主可据经营权变更工作规则，那么雇主作出的其他依据经营权的市场行为也可单方进行变更，而不必与合同相对方的意思表示达成一致。这显然不符合契约基本理论与逻辑。其次，按照约翰·奥斯丁的观点，某一习惯被立法机关或法官赋予法律效力前，应被认定为一种实在的道德规则（a rule of positive morality）。❷ 也就是说，“对一种习惯的习惯性遵守，即使人们在遵守该习惯时坚信它具有法律约束力，也不足以使该习惯转变为法律。只有得到主权者的承认和认可，方能使

---

❶ 参见刘志鹏. 劳动法理论与判决研究［M］. 台北：元照出版公司，2002：259－288.

❷ AUSTIN J. the Province of Jurisprudence Determined and the Use of the Study of Jurisprudence［M］. Indiannapolis：Hackett Publishing Company，Inc.，1998：30－33.

该习惯具有法律的尊严”。❶ 按照这种理论，工作规则对劳工的约束力是伴随劳资关系的产生而产生的，劳工之所以遵守工作规则，实乃最初资本与劳动力博弈力量悬殊下的无奈之举，发展至今日，变为一种习惯。换句话说，这种类似于道德规则的习惯，在立法机关或法院赋予工作规则以法律效力之前，其是否具有法律实效是不确定的。❷ 因此，工作规则的性质不能天然地视为一种习惯法。退一步说，即便将工作规则性质视为习惯法的一种，那么，如果企业制定了新的工作规则或变更旧有规则，又如何对工作规则作出性质为“习惯”的判定？而既然无法判定为习惯，习惯法又从何谈起呢？因此，相较于法规说的不足，契约说的法理与逻辑显然具有更强的支撑力。

二、适用原则反思：合理性变更之“合理”

（一）“合理性变更”原则的源起与适用

工作规则的不利益变更是一种相对的状态。虽然这种不利益是单独针对劳动者而言，但工作规则的某一项变更可能对某些劳动者是一种不利益对待，却可能同时使得另外一些劳动者因此而受益，这显然在客观上具有判定的困难性。随着劳工维权意识与劳工保护的加强，劳动者一味遵从雇主安排的时代已然远去，因工作规则的变更导致自身利益受损的劳动者，更多以寻求司法救济为解决途径。因此，对雇主是否有权对工作规则实施变更，以及进行何种程度的变更已成为法官不能逃避之题。有关工作规则不利变更的法律效力，在实务界存在很大分歧。以日本与我国台湾地区为例，在很长一段时间内，对于工作规则的不利益变更存

❶ 博登海默. 法理学法律哲学与法律方法［M］. 邓正来，译. 北京：中国政法大学出版社，2004：493.

❷ New Jersey v. Delaware, 291 U. S. 361, at 383 (1934).

在数种判决。[1] 而对近年案例进行归纳却发现，越来越多的法官开始倾向于以“合理性变更”法理为基础，对于雇主是否有权对工作规则进行不利益变更来进行判定，并以此作为发展契约说的一个关键支撑。

合理性原则是由日本最高法院大法庭在审理日本“秋北巴士事件”[2] 过程中所确立的。在秋北巴士事件中，双方争论的焦点在于：雇主对于退休年龄这项工作规则的更改是否具有法律效力？审理该案件的日本法院也曾存在很大争议，并持有不同意见。一审秋田地方法院认为，雇主虽有权利对工作规则单方予以变更，但对于单方不利益变更，特别是对既存劳动契约内容进行不利益变更，则需以劳工的同意为生效要件。因此，一审秋田地方法院认为被告公司单方对工作规则进行不利益变更并无法律效力。其判决在二审时并未得到完全支持。二审仙台高院秋田支部在审理案件时则认为，雇主对于工作规则的变更，是社会生活中所承认的行为。而审理该案的最高法院则表示：工作规则作为一种定型化劳动条件，具有社会规范的性质。因为新工作规则的制定或变更，对既得权利进行剥夺或单方对劳工的劳动条件进行不

---

[1] 如台湾地区“台北地方法院”1987 年度诉字第 6299 号判决，台湾地区“高等法院”1988 年度上字第 95 号判决、台湾地区“高等法院”1990 年度劳上字第 14 号判决、台湾地区“高等法院”1990 年度劳上易字第 44 号判决、台湾地区“高等法院”1990 年度劳上易字第 22 号判决等。这些判决基本对雇主有变更工作规则的权利持一致性意见，但在何种范畴内具有变更权限，却没有进一步地说明与阐释。

[2] 原告在 1945 年与被告公司签订雇佣合同时，公司内部对退休年龄并无限制。此后，原告升职为营业所的次长，但 1955 年后，被告公司以一般职种的劳工为对象，制定了有关退休的工作规则：劳工以满 50 岁为退休年龄。达于退休年龄者以辞职令解职。但是，如果劳工虽以达退休年龄，但是业务上却仍有需要时，公司在考虑劳工的人格、健康及能力等，在选择上可以依临时或嘱托而新采用的情事，但是该规定对于主任级以上的职位者并不适用。此后，1957 年，该公司又再度将工作规则变更为：劳工以满 50 岁为退休年龄。主任以上职位者满 55 岁为退休年龄，达退休年龄者需退休离职。原告因符合此规定，在企业未于其达成进一步合议情况之下，遭被告解雇。

利益变更时，原则上是不被允许的。但工作规则的制定与变更如在合理的限度内，则雇主与劳工依此进行劳动条件的变更，属事实上之习惯，可据此承认工作规则的法规范性。日本最高法院欲借用一般契约条款法规范性理论说明工作规则的性质。所谓一般契约条款，是指特定企业存在特定的交易方式（如保险业等），而将此特定交易方式予以定型化处理（保险契约等），称其为一般契约条款。如当事人无反对的意思表示，则均推定为当事人有依据条款而缔约的意思表示，而不以当事人是否知悉条款的内容为必要条件，这种交易方式可看成是该企业内所普遍遵从的习惯或习惯法，此为一般契约条款发生拘束力之源。一般契约性条款同时遵守事前揭示原则与内容合理性原则。由此可见，支持后一判决的基础在于将工作规则性质理解为“定型契约”，并开始引入“合理性标准”来判断工作规则不利益变更的效力。工作规则不利益变更的判定开始采用折中的办法，也就是说雇主对工作规则的不利益变更原则上禁止，但若为合理变更，则具有拘束劳工的效力。❶

这一理念对台湾地区工作规则纠纷的判决与处理产生了重要影响。“台北地方法院”1995 年劳诉字第 38 号判决❷是首次运用合理性变更原则的代表性判例。法官在保护劳工利益与兼顾企业

❶ 适用此项原理的还有日本最高法院第三小法庭关于“大曲市农协事件”的判决等案例。

❷ 判决如下：“按对工作规则采法规范者说，既认工作规则为雇主单方所制定，不论劳工是否同意其内容，均对劳工发生效力，因此工作规则之修改亦为雇主之权限，劳工全无拒绝之权利。此说完全忽视劳工之权益，自有所偏。采契约说者则认工作规则不利益之变更，非经劳工之同意，否则对劳工不生效力，惟如此一来，将造成劳动条件不统一及雇主经营管理上之困难，亦有所偏。本院认为保护劳工之利益及兼顾雇主经营管理上之必要，雇主单方不利益变更工作规则时，原则上不能拘束表示反对之劳工；但如雇主所为之不利益变更，其变更具有合理性时，例外地亦能拘束表示反对之劳工。”转引自王能君. 工作规则与惩戒［G］//台湾“劳动法学会”. “劳动基准法”释义：施行二十年之回顾与展望. 台北：新学林出版股份有限公司，2005：346.

经营必要性的双重考虑下，认为雇主单方对工作规则作出不利益变更，原则上不能拘束表示反对的劳工，如若雇主所作出的不利益变更具有合理性，则例外地产生拘束劳工的效力。虽然合理性原则得到了广泛的应用，但仅限于地方法院。直到1999年，台湾地区“最高法院”1999年台上字第1696号民事判决明确表明其支持“合理性变更”法理的立场。该判决再一次指出：“劳工与雇主间之劳动条件依工作规则之内容而定，有拘束劳工与雇主双方之效力，而不论劳工是否知悉工作规则之存在及其内容，或是否予以同意，除该工作规则违反法律强制规定或团体协商外，当然成为雇佣契约内容之一部。雇主就工作规则为不利劳工之变更时，原则上不能拘束表示反对之劳工；但其变更具有合理性时，则可拘束表示反对之劳工。”[1]

（二）“合理性变更”原则的“不合理”与“合理”

“不合理”与“合理”这对看似矛盾的表述，是指合理性变更原则的两个方面。换句话说，合理性变更这项原则在判定工作规则不利益变更的法律效力时存在两大缺陷。一方面，它与形成权的冲突体现了这项原则的“不合理”之处；另一方面，合理性原则的“合理”范畴判断的高难度性，乃司法实践中不可回避之另一不足。

首先，合理性变更冲破了形成权理论。合理性变更的本质在于雇主与劳工对工作规则不利益变更的协商未达成一致情形下，雇主享有单方面变更工作规则的权利，并且自然产生对劳工拘束的约束力。但是它具有的特殊之处在于，某特定情形下对雇主借变更工作规则而改变原劳动契约的行为进行限制，而此限制对劳工利益的保障起到了积极作用。从法理上讲，采取合理性变更即赋予了雇主对工作规则进行片面变更的形成权。所谓形成权是大

---

[1] ［EB/OL］．［2011－10－08］．http：//jirs. judicial. gov. tw/Index. htm.

陆法民法学界提出的变动权的一种，最初由德国学者（Seckel）所提出。它是指依一方之意思表示而生法律效果之权利。换言之，权利人单独以意思表示，使法律关系因之而发生、变更或消灭的权利。[1] 审视民法理论上这一抽象思维的产物，形成权的最大特点即为无被侵害的可能。所谓无被侵害的可能[2]，是指形成权没有被侵害的可能，不能成为侵权行为的对象。形成权在未行使前，对原法律关系不产生任何影响，但一经行使，具体的权利义务即因而发生、变更或消灭，他人没有干预的机会。形成权在行使的过程中是一种单方的法律行为，无需他人行为的介入，权利人只要将效果意思送达于对方可立即产生法律后果，因此亦无被侵害的可能。[3] 合理性变更理论则一边以民法上的形成权理论为建立基础，一边与形成权发生着矛盾与冲突。雇主的单方变更如果视为形成权，在其未行使变更行为前，对原劳动契约不产生任何影响。一旦发生变更行为，则依据原有劳动契约所形成的权利义务消灭，劳动者当然地承担无条件服从的义务，且不享有干预的权利。至此，形成权作为合理性变更的基石已不再坚固，对于雇主片面对工作规则进行变更采用“合理性变更”这一判断标准寻求一个理论上的支撑变得更加艰难。

其次，“合理性”难以判断。合理性判断的重心在于判断是否存在变更的“合理性”，而合理性又大多以是否存在不利益变更的高度必要性作为判定标准，因此欲作合理性判断，必然辅之

---

[1] 韩忠谟. 法学绪论［M］. 北京：中国政法大学出版社，2002：181.

[2] 在现代的民法理论中，无论是绝对权还是相对权，虽然其权利内容不一，但均有不被侵害之对世效力，任何人都负有不得侵害的消极义务。此项对世效力，已成为权利的共同属性。但是，形成权却例外。

[3] 参见汪渊智. 形成权理论初探［J］. 中国法学，2003（3）：94－100.

以判断雇主片面变更工作规则是否存在高度必要性。[1] 对于“合理性”及“高度必要性”这类极其抽象且概括的描述方式，使用时存在将其具体含义明确化的必要性，以避免产生不可预料的结果。在这个问题上，日本将其与劳工的集体合议紧密相连。他们认为：“重视与代表多数劳工之工会的交涉，雇主如与该工会之间有合意之存在时，工作规则的变更应推定其具有合理性。”[2] 德国也重视集体的合意，与日本不同的是，对于工作规则的变更产生影响的主体不仅有工会，还有企业职工委员会（Betriebsrat）。《德国企业组织法》规定企业职工委员会在法律或集体合同无其他规定时，在以下范围内享有参与决定权：企业的纪律问题和企业内雇员行为准则；每天工作的起止时间、休息时间以及每周内劳动时间的安排；企业一般劳动时间的暂时缩短或延长等。[3] 由此可知，若工作规则发生不利益变更，德国的企业职工委员会有参与决定的权利，但这种参与决定权并未排除集体合同的规定。企业职工委员会作为有益的补充，对于《德国企业组织法》第 87 条第 1 款中所列举的事务如果通过法律或者集体合同调整，那么按照第 87 条第 1 款规定，企业职工委员会的共同决定权则不存在。[4] 这一条款预示着两层含义：第一，如果《德国

---

[1] 如“台北地方法院”86 年劳诉字第 64 号判决即表示：雇主以工作规则单方对于劳动条件为不利益之变更时，原则上固不受允许，但如不利益变更有其合理性及必要性时，亦能拘束反对变更之劳工。特别是对工资、退休金等重要的权利、劳动条件为不利变更时，更须具备“高度之必要性”于具体事件中，应考虑企业经营状况之低迷、经营环境是否恶化至改革薪资制度有其必要性、变更后对劳工经济上不利益之程度、相关其他待遇之发送等一切情状。参见陈逢源，姚文胜．“工作规则不利益变更，在合理范围内，得拘束反对劳工”法理之适用界限省思［J/OL］．银行员工会联合会讯，2006（10）．［2014－12－04］．http：//www. bankunions. org. tw/？ q = node/139.

[2] 王能君．工作规则与惩戒［G］//台湾劳动法学会．“劳动基准法”释义：施行二十年之回顾与展望．台北：新学林出版股份有限公司，2005：348.

[3] Betriebsverfassungsgesetz §87 Mitbestimmungsrechte（1）.

[4] 参见杜茨．劳动法［M］．张国文，译．法律出版社，2005：320.

企业组织法》第 87 条第 1 款中所列举的事务出现变更，则德国的企业职工委员会享有参与决定的权利，但其参与决定权也仅限在此条款。第二，集体合同与企业职工委员会的参与决定权相比，更具有优先性。一旦某一事务在集体合同中已经被强制性地规范，这代表着企业职工委员会已丧失了进一步保护雇员的必要性，企业委员会参与决定的权利将被取消。[1]

德国与日本的做法是否可作为我国相关立法的参考，是值得商榷的。恰如“正义的规则是对人们的劳动和行为进行衡量的公共尺度，这种衡量既要考虑一般的情形，也要考虑到具体的情势。”[2] 我国现行工会组织的发展与发达国家相比，并不可等同并论。我国工会的发展处于初步阶段，独立性与决策性相对较差，在表面独立的掩盖下，附庸性的实质明显。雇主与工会对于工作规则的不利益变更进行集体谈判时，双方力量对比悬殊，工会是否能够完全代表劳工仍存在较大程度置疑。因此，我国将集体合同作为工作规则合理性变更“高度必要性”的载体，出路并不乐观，让工会担当与雇主谈判的重任更加难以想象，雇主变更工作规则的行为会演变成单方行为，所谓工会决定是否具有变更的合理性与高度必要性，也只是惺惺作态。最终，合理性变更的理论则会化身为雇主有权单方进行工作规则不利益变更的实质样态。这显然违背了最初规则设定的初衷。若工会作为谈判主体的路径并不畅通，那么在我国适用合理性变更原则，为合理性与高度必要性设定明确的判断标准依然是个很难跨越的难题。

---

[1] 《德国企业组织法》中列举的事项有：企业秩序、工作时间分配、劳动报酬发放、休假规则、监督设备、劳动保护规则、社会福利设施、住房规则、企业工资形成、给付相关工资等。

[2] 刘东升. 正义规则在公共生活中的确立：对休谟正义理论的解读［J］. 社会科学辑刊，2013（3）：30.

三、制度重构反思：立足于契约论本源的我国立法

（一）我国现行立法的缺失与不足

关于工作规则的变更，我国只在有关劳动规章[1]的立法中有所涉及，如《劳动合同法》第4条对此进行的规定。该条指出，用人单位应当依法建立和完善劳动规章制度，保障劳动者享有劳动权利、履行劳动义务。用人单位在制定、修改或者决定有关劳动报酬、工作时间、休息休假、劳动安全卫生、保险福利、职工培训、劳动纪律以及劳动定额管理等直接涉及劳动者切身利益的规章制度或者重大事项时，应当经职工代表大会或者全体职工讨论，提出方案和意见，与工会或者职工代表平等协商确定。在规章制度和重大事项决定实施过程中，工会或者职工认为不适当的，有权向用人单位提出，通过协商予以修改完善。在规章制度和重大事项决定实施过程中，工会或者职工认为不适当的，有权向用人单位提出，通过协商予以修改完善。用人单位应当将直接涉及劳动者切身利益的规章制度和重大事项决定公示，或者告知劳动者。从这样的规定可以看出，我国劳动相关立法仅仅规定了工会与职工的修改提议权与知情权，而对于用人单位单方变更工作规则而导致劳动者的不利益，并没有明确的规定。劳动部1997年11月《关于对新开办用人单位实行劳动规章制度备案制度的通知》中对劳动规章制度，[2]也仅仅规定了其强制性备案的

---

[1] 本书并未对劳动规章与工作规则作详细区分，可将劳动规章与工作规则作同一意义上之理解。

[2] 《关于对新开办用人单位实行劳动规章制度备案制度的通知》规定：从1998年1月1日起，新开办用人单位应按照《劳动法》的有关规定制定劳动规章制度（主要包括：劳动合同管理、工资管理、社会保险福利待遇、工时休假、职工奖惩，以及其他劳动管理规定），并在正式开业后半年内将制定的劳动规章制度报送当地劳动行政部门备案。对制定的规章制度违反劳动法律法规、不按规定期限报送备案的，劳动行政部门依法给予行政处罚。

制度，并未对劳动规章不利益变更的法律效力作出正面回应。由此可见，我国现行立法对于工作规则的不利益变更的规则设计严重缺失，对于工作规则的性质应秉持法规说还是契约说也并未在立法中予以确认与体现。

（二）契约论本源的理性抉择与制度衔接

近几年，伴随经济的高速发展，我国经济发展模式也在发生较大转变。虽然《劳动合同法》实施以来，劳动合同的立法具有指引劳动关系向长期性与稳定性发展的功效，但是，市场主体的变化与经济环境的变化频率成正比关系，市场的变幻莫测导致长期劳动关系目标的实现并未达到预期，企业所雇佣的员工流动性日益增大。基于这一客观实际情况，工作规则不利益变更的处理方式更应该谨慎对待。一旦制定的标准过于严苛，雇主为规避此制度会转向寻求另一种代替方式——解雇，这必然导致解雇的数量会呈倍数增长。这既不利于维护劳动关系的稳定性，也不利于维护劳动者的利益。而过于严格地限制企业对于工作规则的变更，对于企业发展也会导致极大的负作用。当今社会经济形势不容乐观，中小企业面临着资金与市场的双重压力。同时，这部分企业又是解决就业、雇佣员工最多的一部分市场主体。为应对市场变化调整工作规则若被严厉禁止，在如此艰难的经济形势下生存就更加步履维艰，企业倒闭的现象也会增多，会对就业市场产生极大影响。这不仅不是双赢的局面，反而造成双输的惨剧。因此，对于工作规则不利益变更制度的重新构建逐渐显现出更大的必要性与现实的紧迫性。

如同下井隆史教授将之形容为“劳动法学中永远无法解决的难题”一样，工作规则的法律效力问题是一个非常复杂且艰难的问题。[1] 对于工作规则不利益变更如何构建相对合理的制度，"不论是基于对象复杂性的客观原因，抑或出于方法论上的考量，都不宜过于简单化、单面化"。[2] 从我国企业发展的客观经济形势出发，综合考量劳动者利益保护与企业经营必要性，注重倾斜保护的手段性采用的"分寸"和"尺度"，避免出现矫枉过正，[3] 笔者认为回归到最初的契约法层面，不失为一个更加明智之举。劳动合同的本质是契约，雇主具有制定工作规则的权利，则雇主同样具有变更工作规则的自由。但变更后工作规则的效力不能当然地及于已雇佣的员工，雇员可以选择同意改变或拒绝接受。[4] 这与我国现行劳动立法允许用人单位变更工作规则的制度并不冲突。采用契约论，雇主变更工作规则，雇员对此可以采用明示或默示的方式来表示接受的意思。所谓默示，是指"如果劳动者默然服从新变更之工作规则而继续劳动，则可能成为对新规则之承认。"[5] 当然，默示不仅要求雇员继续按照变更后的规则在工作，同时应对变更不存在异议的意思表示。如雇员非常清楚地表明他们不愿意接受新的规则，即便他们留在原职位，也不应构成对变更的同意。[6] 无论明示或默示，都意味着雇员接受了雇主变更工作规则对自己利益的不利影响。相反，如雇员不接受雇主对工作规则的变动，则面临着失去原有工作，对于雇员又该如何救济？

---

[1] 参见王能君．工作规则与惩戒［G］//台湾"劳动法学会"．"劳动基准法"释义：施行二十年之回顾与展望．台北：新学林出版股份有限公司，2005：348.

[2] 冯彦君．中国特色社会主义社会法学理论研究［J］．当代法学，2013（3）：18.

[3] 参见冯彦君．我国劳动合同立法应正确处理三大关系［J］．当代法学，2006（6）：25.

[4] 英国的普通法将其称为"合意变更"（Consensual Variation），即在普通法上，雇员以明示或默示的方式同意雇主对于一些工作条件的变更，此时的变更称为"合意变更"。合意变更中，雇员不可以抱怨自己遭到"解雇"，则雇员经常面临着要么接受，要么被解雇的两难境地。参见 Sheet Metal Components Ltd v. Plumridge［1974］ICR 37.

[5] 黄越钦．劳动法新论［M］．北京：中国政法大学出版社，2003：144.

[6] Rigby v. Ferodo［1987］IR. LR 516（HL）.

这仍然取决于雇主对于工作规则不利益变更行为的认定。雇主对于劳动契约进行条款的变动，则意味着雇主单方面解除了原契约，与此同时，就新变更条款欲重新与雇员达成意思表示一致，如雇员与之发生纠纷，则属合同法上的“合意”问题，并非违约纠纷。因此雇员不能提起违约之诉讼，反之，雇主在雇员无过错的前提下单方解除原契约，则应该支付相应的经济补偿金。[1]这也可以解决秉持契约论所造成的“私法本质上是‘能人法’而不是‘平民法’”[2]的弊端。当然，雇员主张获取经济补偿金的权利应该被限定在合理的期限内，“如果雇员没有清楚表明他们是迫于压力而工作，或如果他们已经在变动后的岗位上持续很长时间，他们可能会丧失主张‘被解雇’的权利”[3]。

当工作规则的不利益变更足以构成对原合同的终止并被新合

---

[1] 江苏省高级人民法院在2014年5月发布的“江苏法院2013年度劳动争议十大典型案例”中有相关判决。简单案情如下：周某于2007年12月4日进入某配件公司工作，2011年1月1日起签订无固定期劳动合同，公司安排其在雪龙生产区上班。2012年7月，公司为响应市政府“退二进三”号召开始陆续整体搬迁至常昆生产区，员工亦将全部安置到新厂区上班。公司就搬迁事宜征求员工意见后，周某等员工表示“孩子上学、路太远、晕车”，不同意至新厂址上班。2012年7月26日，公司向周某等员工发出《报到上班通知》，通知8月3日前至公司报到，否则按旷工处理。周某等员工回函表示公司迁厂属于《劳动合同法》规定的客观情况发生重大变化，公司可以解除劳动合同，但应支付经济补偿金，故其于8月3日不到公司上班是有原因的，不属于无故旷工，公司无权按员工手册处理。8月15日，公司对周某等员工作出了按旷工处理的决定，该决定张贴于常昆工业园内。8月18日，公司报工会同意后又作出解除劳动关系决定。8月21日，公司将两份决定向周某等员工邮寄送达。周某诉至法院，请求判令公司撤销辞退决定，并支付违法解除劳动合同赔偿金等。法院经审理后认为某配件公司整体搬迁，客观上造成了周某等员工在途时间延长、上班不方便等影响，劳动合同订立时所依据的客观情况发生了重大变化，周某等员工亦书面明确表示不愿意至新厂区工作并要求公司支付经济补偿金，此后，双方未能就变更劳动合同内容达成协议。在此种情况下，公司可以通知劳动者解除劳动关系，但应依法按周某的工作年限支付经济补偿金。此案件应属于工作规则中劳动条件的变更，法院认为：因对劳动合同变更不能达成一致意见而导致劳动关系解除的，用人单位应支付经济补偿金。

[2] 王广彬. 社会法基础的多视角论证［J］. 当代法学，2014（1）：137.

[3] 哈迪. 英国劳动法与劳资关系［M］. 陈融，译. 北京：商务印书馆，2012：198.

同取代时，[1]应赋予雇主单方面进行变更的权利，而变更是否生效则取决于雇员是否接受。这样，在与我国现行劳动基本立法相协调的同时，既可以满足企业弹性经营的需要，又能达到尊重劳动者自身意思表示，保护其基本权益的目的。诚然，我们仍有许多问题需要面对，如完善劳资纠纷解决机制，改变如劳动者反对工作规则不利益变更而对企业进行起诉，变更的效力在未获法院判决前会处于不确定状态的缺陷，这也是适用原则的实效性与法的安定性之间的冲突如何解决之难。工作规则性质的繁复性决定了不利益变更的效力如何判定必然是一个不可回避的理论及司法难题，仍需劳动法学界进一步研究与探索。

第三节　企业并购中的无理解雇

“劳动合同解除主要由解雇和辞职构成，是劳动合同整个动态运行过程的一个环节，直接影响劳动合同的效力、当事人的合同期待与利益得失，实践中极易引起纷争。”[2]当企业组织形式发生变动时，企业的内部结构及经营体制均随之发生变化，再加之我国《劳动合同法》及相关司法解释已规定了企业合并、分立时的劳动合同承继制度，变动后企业不得不承继原企业除自愿辞职外的大部分劳工，将其纳入到新的企业组织中来。承继后如何安置与使用能最大限度地发挥劳动者的劳动效能，又能与企业的未来发展相协调成了企业不得不面对的尖锐难题。面对概括承继制度的重压，对于不能适应变动后长远规划的劳动者，企业虽然已经将其纳入新组织体内部，但是仍然会在劳动合同承继后，运用一些不正当手段，直接将这部分劳动者解雇。或者运用一些

---

[1] Hogg v. Rover College [1990] ICR 39.

[2] 参见冯彦君．解释与适用：对我国《劳动法》第31条规定之检讨［J］．吉林大学社会科学学报，1999（2）：39－46.

非法手段，迫使劳动者主动辞职以达到解雇目的。总之，这类无理解雇行为最终以雇主逃避劳动法上的责任为目的，对劳动者工作权造成侵害，对此进行规制存在现实的紧迫性与必要性。

一、解雇的概念厘定与表现形式

我国立法上没有解雇的概念。学理上的解雇“是指作为劳动关系中的一方，基于单方面意愿，通知雇员结束劳动关系的行为”[1]。所谓解雇（Kündigung）是区别于合同解除（Rücktritt）存在的独立概念，这一组来自德国法上的概念，在德国民法典上具有明确的区分。虽然两者均具有能够导致合同关系消灭的法律效力，但细致分析，解雇适用于包括劳动合同在内的继续性合同关系，以解雇为临界点，影响“其后”劳动关系存续，劳动关系在此临界点结束。与之相反，合同解除是针对包括买卖等一次性给付的合同，解除具有溯及力，该合同关系自始无效。

解雇行为可以分为两类：一类为正当的解雇行为，另一类为无理解雇。后者的意义即指劳动者遭受雇主对于劳动关系的非法终止。它主要包括两个方面：雇主对于劳动合同的终止行为违反我国法令的明文规定；雇主对于劳动合同的终止虽未违反我国法令明文规定的形式，但是雇主促成合同终止的手段、目的实质具有本质上的违法性。这两种形态，既包括雇主违反劳动保护的明文规定，也包含雇主利用迂回的方式达成违法解雇目的，虽然行使的方式各异，但其均具有为不当解雇之目的。显然，正当的解雇行为是合同主体的合法行为，而无理解雇则必在本书的讨论范围之内。我国目前立法主要将解雇分为过错性解雇、非过错性解雇和经济性裁员三种类型。过错性解雇又称为即时解雇，是指用

[1] 黄卉．德国劳动法中的解雇保护制度［J］．中外法学，2007，19（1）：99.

人单位无须向劳动者预告即可解除劳动合同的行为。❶ 非过错性解雇❷类似于预告解雇，是指“劳动合同的解除不是因为劳动者存在过错，而是基于客观情况的变化使劳动合同无法履行而解除劳动合同的情形”。❸ 而经济性裁员❹，则是指“用人单位由于生产经营状况发生变化而出现劳动力过剩，通过一次性辞退部分劳动者，以改善生产经营状况的一种手段”❺。依据《劳动合同法》，过错性解雇权符合劳动者有过错等法定事由的前提方能行使，因此一般不会导致无理解雇。与之相比，非过错性解雇与经济性裁员，虽然同样以法定事由作为有效解雇要件，但条文的设置却存在雇主可利用之隙，如：企业并购后，调整劳动者所处原职位，使其不能胜任便可将其解雇；劳动者与新企业协商却对变更劳动合同不能达成协议而被解雇；以及以经营不善之名行无理解雇之实；甚至以性别、籍贯、婚姻、党派等条件为由，对其予以歧视并据此将部分劳动者解雇。雇主的这类行为看似满足立法

---

❶ 《中华人民共和国劳动合同法》第 39 条列举的过错性解雇分为：（1）劳动者在试用期间被证明不符合录用条件的；（2）劳动者严重违反用人单位的规章制度的；（3）劳动者严重失职、营私舞弊，给用人单位造成重大损害的；（4）劳动者同时与其他用人单位建立劳动关系，对完成本单位的工作任务造成严重影响，或者经用人单位提出，拒不改正的；（5）劳动者以欺诈、胁迫的手段或者乘人之危，使用人单位在违背真实意思的情况下订立或者变更劳动合同，致使劳动合同无效的；（6）劳动者被依法追究刑事责任的。

❷ 《中华人民共和国劳动合同法》第 40 条列举的非过错性解雇包括：（1）劳动者患病或者非因工负伤，在规定的医疗期满后不能从事原工作，也不能从事由用人单位另行安排的工作的；（2）劳动者不能胜任工作，经过培训或者调整工作岗位，仍不能胜任工作的；（3）劳动合同订立时所依据的客观情况发生重大变化，致使劳动合同无法履行，经用人单位与劳动者协商，未能就变更劳动合同内容达成协议的。

❸ 姜颖．劳动合同法论［M］．北京：法律出版社，2006：235.

❹ 《中华人民共和国劳动合同法》第 41 条列举的经济性裁员包括：（1）依照《企业破产法》规定进行重整的；（2）生产经营发生严重困难的；（3）企业转产、重大技术革新或者经营方式调整，经变更劳动合同后，仍需裁减人员的；（4）其他因劳动合同订立时所依据的客观经济情况发生重大变化，致使劳动合同无法履行的。

❺ 王全兴．劳动法［M］．北京：法律出版社，2004：146－147.

上的规定，但实质上是雇主的人为操纵，编造客观情况构成解雇之基础，仍属无理解雇。

二、限制无理解雇的法理基础与学说之辩

（一）限制无理解雇的法理基础

限制无理解雇的本质是国家介入私权争议领域。国家在私法关系中处于微妙位置，即使民法原理的建立是在平等与私法自治的基础之上且不受国家管制，但两者实质上仍存在不可泯灭的关联。当事人意思自由只是在国家设定的高低不同的栅栏中流动，私法自治领域事实上自始充满了各种国家强制，而表面上和任意规范对立的强制规范，实际上只是在强制性上显著不同而已。也就是说，虽然公权与私权具有严格划分，但在一定的空间内，国家仍有权对于私权加以限制，私法自治和国家强制的关系，实际上已经因国家角色从单纯的经济秩序维护者、仲裁者，演变为结果取向的干预者与积极的市场参与者，近年来又逐渐退出市场，转而为结构取向的管理者。在公法与私法、公益与私益随着社会变动表现出内涵的不确定性时，第三法域便应运而生。对于国家介入私权并对解雇行为进行规制，并非仅以保护单一利益与单一群体为目的。它一方面保障了公民的工作权、生存权等私人利益，使在劳动关系中具有从属性的劳动者在相对稳定的环境中生存；另一方面也借此维护了国家的经济社会生活与劳动生活的秩序。

（二）正当事由说与解雇权滥用说之辩

“正当事由说”与“解雇权滥用说”是日本劳动法学界对于解雇权理论争论的两大学派。两者均从“解雇自由说”发展而来。持正当事由说的学者主张，无正当事由而剥夺劳工的劳动机会，使劳工遭受失业和饥饿之威胁，乃是违反公序良俗的行为，雇主的解雇权必须具备正当事由方可行使，否则解雇无效。这是

对解雇自由说的颠覆，对于保护劳动者而言，将具有正当事由设置为解雇劳动者的必要前提，是具有进步意义的转变。持有解雇权滥用说的学者原则上视解雇自由为基本原则，但由于诚信原则的约束，解雇是否存在有效性需要判断解雇的行为是否出现权利滥用。持此学说的日本学者认为，“解雇之自由虽然是原则，但是仍有权利滥用理论之适用，解雇如该当于权利滥用时，亦为违法。而‘未告知解雇理由的解雇’与‘告知之理由不具合理性，或从该劳动关系来看抑制雇主之解雇系属相当’之场合，即为解雇权之滥用。”❶ 解雇权滥用说认为正当事由说❷虽为自由解雇设定了限制，但在制定法上仍缺乏依据，制度法上并无明文规定。解雇权滥用学说与之相比，具有进步性与可适用性，并逐步从“日本食盐制造事件”与“高知广播事件”开始在日本予以确立，司法中运用大量的判例作为积累予以确认合理解雇的事由。❸

（三）法定事由说与最后手段性原则

法定事由说与最后手段性原则均为德国解雇保护法上的规定。德国将解雇行为划分为普通解雇（Ordentliche Kündigung）及特别解雇（Außerordentliche Kündigung），普通解雇与特别解雇

---

❶ 有泉亨．劳动基本法［M］．日本：有斐阁，2001：145.

❷ 正当事由说是区分于法定事由说存在的概念，后者是指解雇的事由与成立要件，均系劳动基准法或其他法律条文中明文规定；而前者则并非解雇的事由均必在劳动基准法或其他法律中规定，可由当事人以正当事由自行决定，如有争议，诉至司法。

❸ 例如：（1）劳动者由于伤病和健康状态等原因丧失劳动能力；（2）劳动者工作能力、成绩等缺乏合格性；（3）劳动者有违反就业规则的行为，包括缺勤、迟到和早退、工作态度不良等工作懈怠行为，虚报劳动经历，违反业务命令等；（4）用人单位的经营上的必要性；（5）工会根据“同业公会、工厂协定”提出的解雇要求。参见王皎皎．解雇保护制度研究：以解雇要件为重心［D］．长春：吉林大学，2010：38.

的依据并不相同，前者遵守《德国民法典》第 620 条第 2 项[1]，以及第 621 条（雇佣关系的通知终止时间）、第 622 条（劳动关系的通知终止期间）之规定，而后者则依据《德国民法典》第 626 条的规定（由于重大原因的即时的通知终止）。虽然预告期间的规定不尽相同，但是两者均需具有法定事由。第 626 条规定的特别解雇要求必须满足一个重大事由。普通解雇的事由又可分为企业经营上的原因（Betriebliche Gruende）、劳动者个人原因（Gruende in der Person des Arbeitnehmers）以及劳动者行为因素（Gruende in Verhalten des Arbeitnehmers）。[2] 也就是说，德国法上的普通解雇，必须具有特定的解雇事由方才有效，且该解雇事由具有社会正当性。所谓社会正当性，“系指雇主终止劳动契约必须有特定事由，此规定于《德国解雇保护法》第 1 条第 2 项。若不是基于前述劳工人身及行为上之事由或是基于急迫性企业需求（Dringende Betriebliche Erfordnisse）致使于该企业内无再继续雇佣该劳工而解雇者，该解雇则具有社会不正当性，该解雇无效。”[3]同时，无论是普通解雇还是特别解雇，又都必须遵从解雇最后性手段原则。当雇主不再存在任何继续雇佣劳动者的可能性时，解雇才属正当。德国劳动法院在判决中认定，雇主在解雇前应优先考虑对于劳动者的可被解雇行为进行警告、劝戒、扣薪，或对其福利、津贴与奖金进行减免与撤回，将这些变更置于终结解雇之前。

---

[1] 雇佣关系的持续时间既不确定，也不能由劳务的性质或目的推知的，任何一方可以依照《德国民法典》第 621 条至第 623 条通知终止雇佣关系。

[2] 参见 SCHAFFNER B. Fragen und Grundsätzliches zur Personbedingten Kündigung [J]. Zeitschirtt für Tarifrecht, 1997 (49): 3 - 11.

[3] 陈彦良 . 解雇保护制度体系之研析：兼论“大量解雇劳工保护法”[J]. 政大法学评论，2007，10 (99): 21.

三、解雇保护制度完善的立法思考

（一）确立综合保护体系

“通常谈到解雇之议题时，法学者首先会考虑到对雇主解雇自由权是否可以无限制之行使，抑或是应给予一个被限缩之范围，最后才确立雇主之解雇自由系受到一般解雇保护以及特别之解雇保护之限制，并着重于雇主之解雇的合法性之控制。再由另一个角度而言，基于‘宪法’上之实质保护作用，而必须保障私法社会（Privatrechtsgesellschaft）中劳动关系，以及调整整体劳动市场。”[1] 对于企业并购后出现的无理解雇现象，要建立宪法、民法以及劳动法自上而下的立体保障体系。在宪法上确立工作权[2]，工作权的确立意味着解雇这一雇主行使单方面终止工作权的形成权必受限制的正当性，为法定解雇保护制定奠定了宪法基础。立法者与司法者对于劳动纠纷的处理均应受限于宪法上的基本权。但为了对国家介入私法领域的程度加以把控，避免公权大量介入私权争议，适用民法与劳动法的规定或基本原则对宪法基本权加以保障。在宪法保障基本劳动权的理念指导下，利用民法上的诚实信用原则与公序良俗原则构成最低保障，特别是在解雇人员名单的抉择上，民法的基本原则作为最低保障标准可对无理解雇行为加以对抗。同时，劳动法上制定具体制度与规范，将一般解雇保护（Allgemeiner Kündigungsschutz）与特殊解雇保护（Besonderer Kündigungsschutz）进行区分，特别是最后手段性原

---

[1] 陈彦良．解雇保护制度体系之研析：兼论“大量解雇劳工保护法”［J］．政大法学评论，2007，10（99）：7.

[2] 工作权是劳动权的一类，其与报酬权、休息权、职业安全权、职业培训权、民主管理权、团结权、社会保障权等构成劳动权的体系。在这一体系中，工作权是基础和前提，报酬权和福利权是核心，其他权利是保障。参见冯彦君．劳动权论略［J］．社会科学战线，2003（1）：169－173.

则的确立与适用，将大大减少企业并购中的无理解雇现象。企业并购后，如对企业员工进行解雇，需不再具有继续留用的任何可能性。员工若在企业对其培训或企业实施可促进劳动给付可能性的行为后，存在继续工作的可能性，则该解雇不存在必要性（Notwendigkeit）与合乎目的性（zweckmäßkeit），此解雇行为可认定为无理解雇。

（二）建立小型企业排除制度

“对企业进行分类，即是从不同角度依不同的标准对企业进行划分，从各个层面去理解和把握企业的特质与属性。”[1] 小型企业与一般企业相比具有特殊性，抵御危机的能力差，特别是面对经济与资金等各方面的压力承受度较低，受市场的影响极大，在国有企业与跨国企业的夹缝中生存艰难。在解雇这一问题上给予特殊考虑是有其必要性的。如解雇保护过于严苛，则易导致其经营力下降，甚至无法经营；而若对解雇的行为不加以限制，则为之工作的劳动者权益则无法得到保障。长此以往，劳动者为求工作的安稳性，则会放弃选择为小企业工作，转而投向其他保障力度更佳的大规模企业，招工的愈加困难必将导致小企业的发展出现更加不利的局面。因此，小企业的特殊性决定了需要慎重对待如何平衡小企业发展与劳动者权益的保障问题。德国立法对于小企业的划分采用以人数计的认定方式，并对人数确定予以反复敲定。如德国通过 1996 年的就业促进法（Arbeitsrechtliche Beschäftigungsföderungsgesetz）将原定 5 人以下认定为小型企业的规定提高至 10 人，但是在 1999 年又改回至 5 人，之后 2003 年的改革劳动市场法（Gesetz zu Reformen am Arbeitsmarkt）又再度将人数提高至 10 人，放宽了排除解雇保护的限制。我国台湾地区的有关文件并未具体规定人数为几人以下为小

[1] 甘培忠. 企业与公司法学［M］. 北京：北京大学出版社，2002：6.

企业适用解雇保护的排除，而是在适用“大量解雇劳工保护法”时，规定“同一事业单位之同一工厂雇用劳工人数未满30人者，于60日内解雇劳工逾10人”时，属于“大量解雇劳工保护法”的保护范围。也就是说，当企业工厂雇用劳工人数未满在30人以下，且60日内解雇的劳工未逾10人时，是“大量解雇劳工保护法”的适用除外情形，这从另一侧面起到了化解小企业经营难度的积极效用。总之，小企业如何划分直接影响着排除制度的适用范围。对于小型企业发生组织变动后的解雇行为，应与大企业区分对待，赋予其一定程度的豁免权，以此减少立法对小企业的束缚，鼓励其在市场经济的大潮中勇于冲破现有经营模式，更快更好地发展。

结　论

企业并购的潮流在全球经济生活中已呈不可逆转之势。在企业并购数量激增的经济环境中，如何保护企业中的劳动者工作权成了不可回避的时代主题。首先，企业的内涵在经济学与法学领域具有界定上的本质不同，虽然“企业”至今未具体化为法律概念，但是法学维度中的企业是市场主体的一方，其具有一定权利与义务，本质上是围绕“企业”产生的一系列权利群。而劳动法中的企业又不同于市场主体法中的概念，企业作为劳动关系的一方主体，一旦发生转变，特别是企业发生合并、分立以及营业转让时，直接影响劳动关系双方，对个别劳动关系以及集体劳动关系均产生极大影响。其次，考察欧盟、美国、德国、英国、日本等有关此问题的立法与判例可以得出：立法应对企业并购的不同形式采取不同调整模式，注重劳动关系双方的利益平衡，在契约自由与国家保障之间找到契合点。再次，从我国现行立法与相关制度的重新审视与梳理可知，对于企业并购中如何保障劳动者工作权，应赋予企业并购之前的劳动者异议权。这一制度构建须充分考虑劳动者异议权的形式要求、期限、实体内容、义务主体以及规避劳动者异议权的防范措施；并应慎重对待企业并购之时劳动合同的概括承继制度，突破概括承继的法理，依据不同的企业并购类型赋予雇主商定留用权与劳动者拒绝留用权。最后，对于企业并购后的企业不当劳动行为应建立禁止制度。为达成保护劳动者利益的价值目标，同时为集体协商提供制度保障。不当劳动行为禁止制度应区分广义与狭义，狭义的不当劳动行为具体制度主要调整集体劳动关系，而广义的不当劳动行为则存在于劳动基准法之中。同时，不当劳动行为禁止制度的主体仅限于雇主，对比当前劳资双方力量，工会对于雇主的不适当行为，暂时不应纳入不当劳动行为禁止制度范畴之内。如雇主在企业并购后对工作规则进行了不利益变更或者无理解雇劳动者，前者可回归到最初的合同法层面予以解决，而后者则需要建立宪法、民法及劳动法的综合保护体系以及小型企业排除制度以应对企业并购中的无理解雇行为。

本书围绕企业并购的情境下如何对劳动者工作权进行保障之问题展开论述，但是，囿于笔者的学疏才浅和所掌握资料之限，不免对于一些问题的研究浅尝辄止，特定概念界定的准确性以及科学性也有待于进一步商榷。同时，由于外语翻译能力及对于国外文化理解之限，研究与借鉴国外相关制度时难免疏漏，还望学界前辈和同人悉心指正，不吝赐教。

参考文献

一、中文图书类

[1] 陈希沼. 台湾地区企业合并策略之研究 [M]. 台北: 环球经济社, 1981.

[2] 陈文辉. 中小企业信用担保体系国际比较 [M]. 北京: 经济科学出版社, 2002.

[3] 陈凌. 德国劳动力市场与就业政策研究 [M]. 北京: 中国劳动社会保障出版社, 2000.

[4] 常凯. 劳动关系 · 劳动者 · 劳权: 当代中国的劳动问题 [M]. 北京: 中国劳动社会保障出版社, 1995.

[5] 常凯. 劳权论 [M]. 北京: 中国政法大学出版社, 2001.

[6] 常凯. 全球化下的劳资关系与劳工政策 [M]. 北京: 中国工人出版社, 2003.

[7] 常凯, 乔健. WTO 劳工权益保障 [M]. 北京: 中国工人出版社, 2002.

[8] 曹昱, 甘当善, 李强. 小型企业: 美国新经济的助推器 [M]. 上海: 上海财经大学出版社, 2003.

[9] 德国民法典 [M]. 2 版. 陈卫佐, 译. 北京: 法律出版社, 2006.

[10] 董保华. "劳工神圣"的卫士: 劳动法 [M]. 上海: 上海人民出版社, 1997.

[11] 董保华. 社会法原论 [M]. 北京: 中国政法大学出版社, 2001.

[12] 法国劳动法典 [M]. 罗结珍, 译. 北京: 国际文化出版公司, 1996.

[13] 范健. 商法 [M]. 3 版. 北京: 高等教育出版社, 北京大学出版

社，2007.
[14] 冯彦君．劳动法学［M］．长春：吉林大学出版社，1999.
[15] 商波．商法［M］．刘庆余，译．北京：商务印书馆，1998.
[16] 甘培忠．企业与公司法学［M］．北京：北京大学出版社，2002.
[17] 关怀．劳动法［M］．北京：中国人民大学出版社，2001.
[18] 黄越钦．劳动法新论［M］．北京：中国政法大学出版社，2003.
[19] 黄程贯．劳动法［M］．3 版．台北：空中大学，2001.
[20] 黄程贯．劳动法［M］．台北：空中大学，1996.
[21] 何勤华．德国法律发达史［M］．北京：法律出版社，2000.
[22] 汉语外来词词典［M］．上海：上海辞书出版社，1984.
[23] 韩忠谟．法学绪论［M］．北京：中国政法大学出版社，2002.
[24] 姜颖．劳动合同法论［M］．北京：法律出版社，2006.
[25] 贾俊玲．21 世纪亚太地区劳动法与社会保障发展趋势［M］．北京：中国劳动社会保障出版社，2001.
[26] “劳动基准法”暨附属法规“解释令”汇编［M］．台北：劳工行政杂志社，1998.
[27] 黎建飞．劳动法的理论与实践［M］．北京：中国人民公安大学出版社，2004.
[28] 林嘉，杨飞，林海权．劳动就业法律问题研究［M］．北京：中国劳动社会保障出版社，2005.
[29] 林更盛．劳动法案例研究（一）［M］．台北：翰芦图书出版有限公司，2002.
[30] 林更盛．劳动法案例研究（二）［M］．台北：五南图书出版股份有限公司，2009.
[31] 刘宗胜，张永志．公司法比较研究［M］．北京：中国人民公安大学出版社，2004.
[32] 李炳安．劳动权论［M］．北京：人民法院出版社，2006.
[33] 李永军，易军．合同法［M］．北京：中国法制出版社，2009.
[34] 林晓云，等．美国劳动雇佣法［M］．北京：法律出版社，2007.
[35] 黎建飞．劳动法的理论与实践［M］．北京：中国人民公安大学出版社，2004.

[36] 苗壮. 美国公司法：制度与判例 [M]. 北京：法律出版社，2007.
[37] 史尚宽. 民法总论 [M]. 北京：中国政法大学出版社，2000.
[38] 石美遐. 全球化背景下的国际劳工标准与劳动法研究 [C]. 北京：中国劳动保障出版社，2005.
[39] 田思路，贾秀芬. 契约劳动的研究：日本的理论与实践 [M]. 北京：法律出版社，2007.
[40] 王保树. 商事法论集 [M]. 北京：法律出版社，1997.
[41] 王全兴. 劳动法 [M]. 2 版. 北京：法律出版社，2004.
[42] 王全兴. 经济法前沿问题研究 [M]. 北京：中国检察出版社，2004.
[43] 王益英. 外国劳动法和社会保障法 [M]. 北京：中国人民大学出版社，2001.
[44] 王晓晔. 德国民法通论 [M]. 北京：法律出版社，1998.
[45] 叶静漪，EKLUND R. 瑞典劳动法导读 [M]. 北京：北京大学出版社，2008.
[46] 叶静漪，周长征. 社会正义的十年探索：中国与国外劳动法制改革比较研究 [C]. 北京：北京大学出版社，2007.
[47] 尹田. 法国现代合同法 [M]. 北京：法律出版社，1995.
[48] 赵炳贤. 资本运营论 [M]. 北京：企业管理出版社，1997.
[49] 周剑云. 美国劳资法律制度研究 [M]. 北京：中央编译出版社，2009.
[50] 中华人民共和国劳动和社会保障部法制司，德国技术合作公司中国法律改革咨询项目. 中德劳动与社会保障法：比较法文集 [C]. 北京：中信出版社，2003.
[51] 张文显. 法理学 [M]. 3 版. 北京：高等教育出版社，北京大学出版社，2007.
[52] 张文显. 法哲学范畴研究 [M]. 北京：中国政法大学出版社，2001.
[53] 张民安. 公司法上的利益平衡 [M]. 北京：北京大学出版社，2003.
[54] 郑尚元. 劳动合同法的制度与理念 [M]. 北京：中国政法大学出版社，2008.
[55] 郑尚元. 劳动法学 [M]. 北京：中国政法大学出版社，2004.
[56] 赵旭东. 公司法学 [M]. 2 版. 北京：高等教育出版社，2006.

[57] 莱塞尔，法伊尔. 德国资合公司法［M］. 3版. 高旭军，单晓光，刘晓海，等，译. 北京：法律出版社，2004.
[58] 马克思. 1844年经济学哲学手稿［M］. 中共中央马克思恩格斯列宁斯大林著作编译局，译. 北京：人民出版社，1985.
[59] 拉伦茨. 法学方法论［M］. 陈爱娥，译. 北京：商务印书馆，2005.
[60] 杜茨. 劳动法［M］. 张国文，译. 北京：法律出版社，2005.
[61] 黑格尔. 法哲学原理［M］. 范扬，张企泰，译. 北京：商务印书馆，1982.
[62] 拉德布鲁赫. 法哲学［M］. 王朴，译. 北京：法律出版社，2005.
[63] 拉伦茨. 德国民法通论：上册［M］. 王晓晔，邵建东，程建英，等，译. 北京：法律出版社，2003.
[64] 福斯特. 欧盟立法：2005—2006：下卷［M］. 16版. 何志鹏，孙璐，译. 北京：北京大学出版社，2007.
[65] 哈耶克. 自由秩序原理［M］. 邓正来，译. 北京：生活·读书·新知三联书店，1997.
[66] 巴纳德. 欧盟劳动法［M］. 2版. 付欣，译. 北京：中国法制出版社，2005.
[67] 哈迪. 英国劳动法与劳资关系［M］. 陈融，译. 北京：商务印书馆，2012.
[68] 庞德. 法理学：第三卷［M］. 廖德宇，译. 北京：法律出版社，2007.
[69] 伊斯特布鲁克，费希尔. 公司法的经济结构［M］. 张建伟，罗培新，译. 北京：北京大学出版社，2005.
[70] 施瓦茨. 美国法律史［M］. 王军，译. 北京：中国政法大学出版社，1990.
[71] 罗尔斯. 正义论［M］. 何怀宏，何包钢，瘳申白，译. 北京：中国社会科学出版社，1988.
[72] 博登海默. 法理学：法律哲学与法律方法［M］. 邓正来，译. 北京：中国政法大学出版社，1999.
[73] 庞德. 通过法律的社会控制：法律的任务［M］. 沈宗灵，董世忠，译. 北京：商务印书馆，1984.

[74] 荒木尚志. 日本劳动法 [M]. 增补版. 李坤刚, 牛志奎, 译. 北京: 北京大学出版社, 2010.

[75] 马渡纯一郎. 劳动市场法的改革 [M]. 田思路, 译. 北京: 清华大学出版社, 2006.

[76] 大须贺明. 生存权论 [M]. 林浩, 译. 北京: 法律出版社, 2001.

二、中文论文类

[1] 陈俐茹. 解析公司分立之职工保护 [J]. 比较法研究, 2007 (4): 115 -119.

[2] 陈俐茹. 从利害关系人之视野解析公司分立 [D]. 北京: 中国政法大学, 2006.

[3] 陈建文. "劳动基准法" 第二十条之研究 [J]. 政大法学评论, 2003 (74): 291 -366.

[4] 陈逢源, 姚文胜. "工作规则不利益变更, 在合理范围内, 得拘束反对劳工" 法理之适用界限省思 [J/OL]. [2017 - 08 - 25]. www.bankunion.org.tw.

[5] 陈彦良. 解雇保护制度体系之研析: 兼论大量解雇劳工保护法 [J]. 政大法学评论, 2007 (99): 1 -60.

[6] 陈荣文. 论我国劳动合同概括继受原则的完善 [J]. 福建法学, 2011 (1): 15 -20.

[7] 陈荣文. 企业社会责任与员工利益保护: 以企业并购重组时对劳动合同的处理为视角 [J]. 中国商法年刊, 2009 (1): 45 -49.

[8] 常凯. 劳动关系的集体化转型与政府劳工政策的完善 [J]. 中国社会科学, 2013 (6): 91 -108.

[9] 陈宛玲. 银行组织变革下劳工行使争议权之研究: 以 2005 年台企银工会罢工案为例 [D]. 台北: 中正大学, 2006.

[10] 陈香文. 论我国企业并购法制: 以合并及收购为中心 [D]. 高雄: 高雄大学, 2008.

[11] 陈金泉. 裁员解雇实务法律问题初探 [J]. 律师杂志, 2003 (3): 69 -86.

[12] 蔡和平. 德国雇员转让法及其发展 [J]. 中国劳动, 2006 (7): 28 -30.

[13] 程延园. 英美解雇制度比较分析: 兼论解雇中的法理和经济问题 [J].

中国人民大学学报，2003（2）：130 – 135.
［14］董保华. 公司并购中的新话题：劳动合同的承继［J］. 中国人力资源开发：2007（9）：80 – 94.
［15］董保华. 和谐劳动关系的思辨［J］. 上海师范大学学报（哲学社会科学版），2007（3）：22 – 29.
［16］董保华. 锦上添花抑或雪中送炭：论劳动合同法的基本定位［J］. 法商研究，2006（5）：46 – 53.
［17］董保华. 劳动合同法中经济补偿金的定性及其制度构建［J］. 河北法学，2008（5）：43 – 48.
［18］董文军. 我国《劳动合同法》中的倾斜保护与利益平衡［J］. 当代法学，2008（3）：106 – 110.
［19］杜承铭. 论工作自由权的宪法权利属性及其实现［J］. 武汉大学学报（社会科学版），2002（4）：485 – 490.
［20］杜宁宁. 权利冲突视野下的劳动者知情权问题研究［J］. 当代法学，2014（5）：117 – 123.
［21］丁文联. 试论劳动合同的附和化［J］. 法商研究，1996（6）：66 – 68.
［22］冯彦君. 论职业安全权的法益扩展与保障之强化［J］. 学习与探索，2011（1）：107 – 111.
［23］冯彦君，张颖慧. 劳动关系判定标准的反思与重构［J］. 当代法学，2011（6）：92 – 98.
［24］冯彦君. 公司分立与劳动权保障：我国应确立劳动契约承继制度［J］. 法学家，2005（5）：15 – 19.
［25］冯彦君. 劳动权的多重意蕴［J］. 当代法学，2004（3）：40 – 45.
［26］冯彦君. 劳动合同的履行和变更［G］//常凯. 劳动合同立法理论难点解析. 北京：中国劳动社会保障出版社，2008：77 – 90.
［27］冯彦君. 劳动权论略［J］. 社会科学战线，2003（1）：167 – 175.
［28］冯彦君. 论劳动法的基本原则［J］. 法制与社会发展，2000（1）：25 – 29.
［29］冯彦君. 解释与适用：对我国《劳动法》第 31 条规定之检讨［J］. 吉林大学社会科学学报，1999（2）：39 – 46.
［30］冯彦君. 中国特色社会主义社会法学理论研究［J］. 当代法学，2013

(3)：14 - 24.
[31] 郭宇昭. 法学研究的方法论及其应用 [J]. 法学家，1995 (6)：56 - 61.
[32] 郭清宝. 企业并购契约及陷阱分析：以台积电公司及元大京华证券公司为例 [D]. 台北：中山大学，2001.
[33] 郭玲惠. 大量解雇保护法制之初探：兼简介德国之大量解雇保护 [J]. 律师杂志，2003 (3)：16 - 32.
[34] 胡国成. 论当前美国企业兼并潮 [J]. 美国研究，1998 (1)：79 - 100.
[35] 黄卉. 德国劳动法中的解雇保护制度 [J]. 中外法学，2007 (1)：99 - 112.
[36] 黄凤龙. "买卖不破租赁"与承租人保护：以对合同法第 229 条的理解为中心 [J]. 中外法学，2013 (3)：618 - 643.
[37] 黄馨慧. 企业购并与劳动契约 [J]. 律师杂志，2000 (9)：110 - 117.
[38] 黄馨慧. 企业并购中之个别及集体劳动关系 [G] // "台湾劳动法学会". "劳动基准法" 释义：施行二十年之回顾与展望. 台北：新学林出版股份有限公司，2005：187 - 210.
[39] 黄程贯. 规范台湾的不当劳动行为与制度建构（上）[R]. 劳动法与劳动社会的对话研讨会，2005.
[40] 黄程贯. 规范台湾的不当劳动行为与制度建构（下）[R]. 劳动法与劳动社会的对话研讨会，2005.
[41] 黄程贯. 德国关于团体协约以后效力之理论发展与争论 [J]. 政大法学评论，2000 (64) 371 - 383.
[42] 侯玲玲. 我国企业重组中的劳动合同继承问题研究 [J]. 华东政法大学学报，2008 (6)：103 - 109.
[43] 侯怀霞，钟瑞栋. 企业并购立法研究 [J]. 中国法学，1999 (2)：29 - 38.
[44] 焦兴凯. 欧洲联盟大量解雇劳工保护法制之研究：兼比较美国与我国法制之发展 [J]. 中华国际法与超国界法评论，2005：470 - 475.
[45] 刘志鹏. 论工作规则法律性质之研究 [J]. 律师通讯，1985 (72)：7 - 14.
[46] 林炫秋. 事业单位转让与劳动契约之变动 [J]. 政大法学评论，1999 (62)：255 - 274.

[47] 林建山. 让市场真正市场化：公营事业民营化议题之理论与对策［C］. 台北："行政院经济建设委员会"，2000.
[48] 林树杰. 我国公司并购中的雇员权益保护［J］. 法治论坛，2010（3）：291－301.
[49] 林虹均. 企业并购中劳工权益保障之相关问题研究［D］. 台北：台湾中国文化大学，2006.
[50] 刘国华. 外资并购国有企业中职工利益保护的法律缺陷及对策［J］. 商业研究，2006（16）：195－197.
[51] 刘哲玮. 普通形成权诉讼类型考辨：以合同解除权为例［J］. 中外法学，2014（5）：1326－1336.
[52] 刘东升. 正义规则在公共生活中的确立：对休谟正义理论的解读［J］. 社会科学辑刊，2013（3）：28－32.
[53] 李其瑞. 论法学研究方法的多元化趋向［J］. 法律科学（西北政法学院学报），2004（4）：16－22.
[54] 李国庆. 解雇权限制研究［D］. 上海：华东政法大学，2010.
[55] 李永军. 从契约自由原则的基础看其在现代合同法上的地位［J］. 比较法研究，2002（4）：1－21.
[56] 李洙德. 定型化劳动契约之研究［D］. 台北：台湾中国文化大学，2002.
[57] 林佳和. 社会保护、契约自由与经营权：司法对劳动契约的衡平性控制［J］. 台湾"劳动法学会"学报，2007（6）：33－112.
[58] 刘治杰. 企业购并对目标公司评价方法之研究［D］. 台中：东海大学，1998.
[59] 刘金条. 企业购并后组织整合管理之研究：以日月光并购环隆电气为例［D］. 台北：云林科技大学，2001.
[60] 柳焰宏. 企业并购与员工权益保障问题之研究［D］. 台北：台湾中国文化大学，2000.
[61] 卢佩. "法律适用"之逻辑结构分析［J］. 当代法学，2017（2）：97－105.
[62] 毛发青，李秀玉. 中国企业兼并特质分析［J］. 中央财经大学学报，2008（9）：67－72.
[63] 邱骏彦. 调职之法理运用［J］. 辅仁法学，1995（6）：251－268.

[64] 本田纯一. 形成权概念的意义及功能 [J]. 王敬毅，杨丽君，译. 外国法译评，1996 (2)：30 - 32.
[65] 苏三永. 公司分立制度研究 [D]. 北京：中国政法大学，2005.
[66] 苏聪儒. 公司并购之法律规范 [J]. 律师杂志，2000 (252)：118 - 131.
[67] 涂国庆. 我国不当解雇法律问题之研究 [D]. 台北：中正大学，2006.
[68] 田思路，贾秀芬. 论日本“不当劳动行为”的法律构成 [J]. 金陵法律评论，2012，(1)：66 - 75.
[69] 吴育仁. 美国劳资集体协商制度之法律政策分析 [J]. 欧美研究，2002 (32)：209 - 269.
[70] 王健，宋永泉. 公司合并与职工权益保护 [J]. 法学论坛，2003 (1)：64 - 69.
[71] 王能君. 工作规则与惩戒 [G] //台湾“劳动法学会”. “劳动基准法”释义：施行二十年之回顾与展望. 台北：新学林出版股份有限公司，2005：335 - 350.
[72] 王皎皎. 解雇保护制度研究：以解雇要件为重心 [D]. 长春：吉林大学，2010.
[73] 王佳蒂. 企业并购劳资争议问题之研究：以元大京华证券合并案为例 [D]. 台北：中正大学，2004.
[74] 王天玉. 工作权研究 [D]. 长春：吉林大学，2010.
[75] 王天玉. 经济补偿金制度的性质：兼评我国《劳动合同法》第46条 [J]. 社会科学战线，2012 (3)：269 - 270.
[76] 汪渊智. 形成权理论初探 [J]. 中国法学，2003 (3)：94 - 100.
[77] 王利明. 论合同的相对性 [J]. 中国法学，1996 (4)：63 - 73.
[78] 王广彬. 社会法基础的多视角论证 [J]. 当代法学，2014 (1)：129 - 138.
[79] 王惠玲. 事业单位改组转让问题之探计 [J]. 律师杂志，1997 (12)：43 - 50.
[80] 王小波. 经济全球化条件下的中国劳动关系与工会改革 [D]. 上海：复旦大学，2007.

[81] 王瑞. 公司分立制度研究 [J]. 江西社会科学，2002 (9)：141 - 143.
[82] 王厚伟，黄琦雅. 我国不当劳动行为救济制度之窘境与展望 [J]. 台湾劳工，2008 (13)：48 - 136.
[83] 肖蓓. 企业并购中劳动者劳动权的国家权力保护 [J]. 中南大学学报（社会科学版），2011 (5)：108 - 116.
[84] 肖蓓. 企业并购中劳动者劳动权保护法律问题研究 [D]. 武汉：华中师范大学，2010.
[85] 谢德成，穆随心. 英国劳动法限制解雇制度 [J]. 中国劳动，2005 (6)：28 - 30.
[86] 薛胜夫. 企业并购型态、人力资源泉管理措施与组织绩效之关系 [D]. 中坜："中央大学"，2000.
[87] 许晓军，李珂. 职工眼中的企业工会：企业工会现状调查 [J]. 中国劳动关系学院学报，2006 (2)：48 - 52.
[88] 徐澜波. "买卖不破租赁"规则的立法技术分析 [J]. 法学，2008 (3)：109 - 117.
[89] 余红涛. 论中国经济转型中的企业并购 [D]. 上海：复旦大学，2004.
[90] 叶建廷. 日本不当劳动行为制度之研究 [J]. 劳工研究季刊，1997 (126)：56 - 87.
[91] 叶秋英，吴志光. 论企业并购法下收购类型之适用 [J]. 月旦法学，2003 (94)：226 - 237.
[92] 杨怡婷. 银行合并集体劳资关系之研究：以渣打银行与新竹商银合并案为例 [D]. 台北：中正大学，2008.
[93] 颜雅伦. 企业资产并购与员工留用 [J]. 管理杂志，2002 (5).
[94] 叶秋英. 跨国并购法制障碍之研究 [R]. 理律法律事务所，2004.
[95] 叶姗. 企业并购中雇员的工作选择权 [J]. 法商研究，2017 (1)：75 - 84.
[96] 姚新华. 契约自由论 [J]. 比较法研究，1997 (1)：19 - 32.
[97] 俞晓军. 信息化时代的企业组织变动：组织论如何回答信息化的挑战 [J]. 中国工业经济，1999 (11)：74 - 77.
[98] 赵红. 企业利益相关者之间的合作博弈与均衡 [J]. 财经理论与实

践，2007（7）：74－77.

[99] 张翼飞. 公司结构性变更法律问题研究［D］. 长春：吉林大学，2010.

[100] 张颖慧. 论劳动合同承继中的劳动者异议权［J］. 求索，2011（6）：152－154.

[101] 张朝栋. 企业跨国并购法律规范之研究［D］. 台北：东吴大学，1993.

[102] 张义德. 不当劳动行为制度之研究：以日本与我国之不利益待遇为中心［D］. 台北：政法大学，2007.

[103] 张昌吉，黄柏祯. 企业并购员工权益问题之研究［C］. 政府与企业法制关系学术研讨会，2006.

[104] 詹文凯. 企业并购对于劳动契约之影响［J］. 月旦法学，2002（83）：39－47.

[105] 中东正文. 国际性企业重组法制：日本法的现状和课题［G］. 潘姝蓉，译//滨田道代，顾功耘. 公司治理：国际合作与制度设计. 北京：北京大学出版社，2005.

三、外文著作与论文类

[1] HART H L A. The Concept of law［M］. New York：Oxford University Press，1961.

[2] AUSTIN J. The Province of Jurisprudence Determined and the Use of the Study of Jurisprudence［M］. Indiannapolis：Halkett，1954.

[3] BORROW C，DUDDINGTON J. Brief Case on Employment law［M］. 2nd ed. 武汉：武汉大学出版社，2004.

[4] LONDON M. Change Agents：New Roles and Innovation Strategics For Human Resource Professionals［M］. San Francisco：Joseey－bass，1988.

[5] DANIEL T A. Between Trapezes：The Human Side of Marking Mergers and Acquisitions Work［J］. Compensation and Benefits Management，1999，15（1）：19－37.

[6] BLANPAIN R，HANAMI T. Euro－Japan Institute for Law and Business：Employment Security Law and Practice in Belgium，Bulgaria，France，Germany，Great Britain，Italy，Japan and the European Communities［M］. Leuven：Peeters Press，1994：56.

[7] SMELSER N J, SWEDBERG R. The Handbook of Economic Sociology [M]. 2nd ed. Princeton: Princeton University Press, 2011.

[8] Worker Adjustment and Retraining notification (WARN) Act: Employer's Guide to Advance Notice of Closings and Layoffs [M]. Washionton: Employment and Training Administration United States Department of Labor, 2003.

[9] BERCUSSON B. European Labour Law and the EU Charter of Fundamental Rights: Summary Version [M]. Brussels: European Trade Union Institute, 2002.

[10] KALLEBERG A L. The Sociology of Labor Markets [M]. Oslo: Annual Reviews Inc, 1979.

[11] JUNKER A. Grundkurs Arbeitsrecht [M]. München: C. H. Beck, 2010.

[12] TSCHÖPE U. Anwalts-Handbuch Arbeitsrecht [M]. Köln: Verlag Dr. Otto Schmidt KG, 2009.

[13] MENZE S. Das Widerspruchsrecht der Arbeitnehmer Beim Betriebsü bergang: Bestehen, Voraussetzungen und Individualrechtliche Rechtsfolgen [M]. Frankfurt: Peter Lang, 2000.

[14] PALANDTO. Bürgerliches Gesetzbuch [M]. 61 aufl. München: C. H. Beck, 2002.

[15] SCHAFFNER B. Fragen und Grundsätzliches zur Personbedingten Kündigung [J]. Zeitschnft für Tanifrecht, 1997 (49): 3 – 11.

[16] 有泉亨. 劳动基本法 [M]. 东京: 有斐阁, 2001.

[17] 濱口桂一郎. EU 労働法の形成: 欧州社会モデルに未来はあるか? [M]. 増補版. 東京: 日本労働研究機構, 2001.

[18] RICHARDI R, Kommentar des Dienstuertrag Srechts (Vorbemerkung vor §611, §611 – 615 BGB) [M] //Kommentar Zum Bürgerlichen Gsesetzbuch. Berlin: Staudinger, 2005.

[19] MAX K, ENGELS F. Gewerkgenossenchaften. ihre vergangenheit, Gegenwart and Zukuft [M] // Institut für Marxismus – Leninismus beim Zentralkomitee der SED. Marx und Engels – Werke: Bd. 16. Berlin: Diez, 1866: S. 196 – 198.

[20] HUNNINGS N M. ECC – Business Transfer (Employees' Rights) Directive 1977, 25years – European Social Charter [M] //EEC Employment Cases: Vol. 2. Holland: Kluwer Law and Taxation, 1988.

[21] KIM P T. An Empirical Challenge to Employment at Will [J]. New Zealand of industrial Relations, 1998 (6): 92.

[22] U. S. General Accounting Office. Plant Closings: Limited Advance Notice and Assistance Provided Dislocated Workers [C], 1987: 7.

[23] 盛誠吾．企業組織の再編と労働契約承継法 [J]．季刊勞動法, 2001, 197 (11): 8 –9.

[24] MILES T J. Common Law Exceptions to Employment at Will and U. S. Labor Markets [J]. The Journal of Law, Economic, & Organization, 2002, 16 (1): 74 –101.

[25] Text with EEA relevance. Commission Directive 2006/50/EC of 29 May 2006 [J]. Official Journal of the European Union, 2006.

[26] EDELMAN L B, STRYKER R. A Sociological Approach to Law and the Economy [M] //the Handbook of Economic Sociology. Princeton: Princeton Univesity Press, 2010.

[27] BAIRD D G. Legal Approaches to Restricting Distributions to Shareholders: The Role of Fraudulent Transfer Law [J]. European Business Organization Law Review, 2006 (7).

[28] MACEY J R. Externalities, Firm – Specific Capital Investments and the Legal Treatment of Fundamental Corporate Changes [J]. Duke Law Journal, 1989: 173 –201.

[29] COUNCIL DIRECTIVE 2001/23/EC of 12 March 2001on the approximation of the Laws of the Member States Relating to the Safeguarding of Employees' Rights in the Event of Transfers of Undertakings, Businesses or Parts of Undertakings or Businesses [J]. Official Journal of the European Communities, 2001.

[30] WILEMSEN L. Die Neuregelung von Unterrichtung und Widerspruchsrecht der Arbeitnehmer beim Betriebsübergang [J], New Juristische Wochenschrift, 2002: S. 1159ff.

[31] YOUNSON F R. Employment Law and Business Transfers: A Practical Guide [M]. London: Sweet & Maxwell, 1989.

[32] Arbeitsgesetze: GendiagnostikG Rom I – Verordnung Arbeitnehmer – EntsendeG PflegezeitG KündigungsschutzG und andere Gesetze [M]. München: Deutscher Taschenbuch Verlag, 2010.

[33] JABORNEGG P, REINHARD. Resch Betriebsübergang: Arbeitsrechtliche Fragen [M]. Wien: Linde Verlag, 1999.

[34] TOMANDL T. Der Betriebs (teil) übergang im Arbeisrecht [M]. Wien: Wilhelm Braumülle, 1995.

[35] STIEFEL P. Betriebsbedingte Kündigung nach Betriebsübergang: Neue Probleme des § 613 a Abs. 6 BGB [D]. Tübingen: Eberhard – Karls – Universität Tübingen, 2009.

[36] HEINEICH C. Insolvenzrecht in Forschung und Praxis [M]. Hamburg: Verlag Dr. Kovac, 2009.

[37] MCMULLEN J. The Employment Contract: Legal Principles, Drafting, and Interpretation [M]. Oxford: Oxford University Press, 2005.

四、其他文献

[1] [EB/OL]. [2011 – 05 – 10] http://eng. dgbas. gov. tw/ct. asp? xItem = 11246&ct Node = 2335.

[2] [EB/OL]. [2011 – 07 – 01] http://jirs. judicial. gov. tw.

[3] Judgment of the Court (Fifth Chamber) of 18 March 1986. – Jozef Maria Antonius Spijkers v Gebroeders Benedik Abattoir CV et Alfred Benedik en Zonen BV. – Reference for a preliminary ruling: Hoge Raad – Netherlands. – Safeguarding of employees rights in the event of transfers of undertakings. – Case 24/85 [EB/OL]. [2011 – 10 – 11] http://eur-lex. europa. eu/LexUriServ/LexUriServ. do? uri = CELEX: 61985J0024: EN: HTML.

[4] Joined Cases C-171/94 and C – 172/94 Albert Merckx and Patrick Neuhuysv Ford Motors Company Belgium SA [EB/OL]. [2012 – 03 – 10]. http://eur-lex. europa. eu/LexUriServ/LexUriServ. do? uri = CELEX: 61994CJ0171: EN: HTML.

[5] Judgment of the Court (Sixth Chamber), 7 March 1996 [EB/OL]. [2012-01-10]. http://eur-lex.europa.eu/LexUriServ/LexUriServ.do?uri=CELEX:61994CJ0171:EN:HTML.

[6] 反托拉斯法指南 [EB/OL]. [2012-02-01]. http://atg.wa.gov/antitrustguide/Chinese.aspx#4A.

[7] 中国并购市场有望继续井喷，龙头公司首先受益 [EB/OL]. [2012-01-31]. http://msn.finance.ifeng.com/stock/zqyw/20120131/1097184.shtml.

[8] 普华永道：2016 年中国企业并购市场回顾与 2017 年展望 [R], 2017.

[9] 焦兴凯. 美国不当劳动行为裁决机制之研究 [EB/OL]. [2015-06-30]. "台湾政策研究基金会".

[10] "行政院公平交易委员会" 2004. [EB/OL]. [2011-01-05]. http://www.ftc.gov.tw.

[11] Council Directive 77/187/EEC of 14 February 1977 on the approximation of the laws of the Member States relating to the safeguarding of employees´ rights in the event of transfers of undertakings, businesses or parts of businesses [EB/OL]. [2010-11-12] http://eur-lex.europa.eu/LexUriServ/LexUriServ.do?uri=CELEX:31977L0187:EN:HTML.

[12] Council Directive 98/50/EC of 29 June 1998 amending Directive 77/187/EEC on the approximation of the laws of the Member States relating to the safeguarding of employees´ rights in the event of transfers of undertakings, businesses or parts of businesses [EB/OL]. [2010-11-12]. http://eur-lex.europa.eu/LexUriServ/LexUriServ.do?uri=CELEX:31998L0050:EN:HTML.

[13] Council Directive 2001/23/EC of 12 March 2001 on the approximation of the laws of the Member States relating to the safeguarding of employees' rights in the event of transfers of undertakings, businesses or parts of undertakings or businesses [EB/OL]. [2010-11-12]. http://eur-lex.europa.eu/LexUriServ/LexUriServ.do?uri=CELEX:32001L0023:EN:HTML.

[14] Bürgerliches Gesetzbuch (BGB) [EB/OL]. [2011-05-10]. http://www.gesetze-im-internet.de/bundesrecht/bgb/gesamt.pdf.

[15] Judgment of the Court (Sixth Chamber) of 24 January 2002. – Temco Service Industries SA v Samir Imzilyen and Others. – Reference for a preliminary ruling: Cour du travail de Bruxelles – Belgium. – Directive 77/187/EEC – Safeguarding of employees' rights in the event of transfers of undertakings. – Case C – 51/00. [EB/OL]. [2011 – 10 – 05]. http://eur-lex. europa. eu/LexUriServ/LexUriServ. do?uri = CELEX: 62000J0051: EN: HTML#CO.

[16] Hot Cargo Clause Law & Legal Definition [EB/OL]. [2011 – 11 – 01]. http://definitions. uslegal. com/h/hot – cargo – clause/.

[17] 不利益变更之态样 [EB/OL]. [2011 – 12 – 12] http://nccur. lib. nccu. edu. tw/bitstream/140. 119/32855/6/51036106. pdf.

[18] [2011 – 10 – 08]. http://jirs. judicial. gov. tw/Index. htm.

[19] BAG vom 23. 9. 1982, AP Nr. 3 zu § 4 BetrVG 1972 = DB1983, 1498; Löwisch, Arbeitsrecht, 3 Aufl. 1991.

[20] Information and Consultation of Employees – Review of pre – directive "agreements currently in place" EUWEB, 2008/1/3.

[21] EuGH vom 20. 11. 2003 – Rs. C – 340/01, slg. 2003, I – 14023 (Rn. 33) – Abler/Sodexho; EuGH vom 12. 2. 2009 – Rs. C – 466/07, NZA 2009, 251 (Rn. 44, 49) – klarenberg.

[22] Vgl. BAG v. 30. 10. 1986, AP Nr. 55 zu §613aBGB (unter II 2 c), BAG v. 19. 3. 1998, AP Nr. 177 zu §613a BGB (unter I 2 c), BAG v. 17. 9. 1998, AP Nr. 148 zu §626 BGB (unter II 5), Gaul, Betriebsübergang S. 239.

附　录

中华人民共和国劳动合同法

（2007年6月29日第十届全国人民代表大会常务委员会第二十八次会议通过，根据2012年12月28日第十一届全国人民代表大会常务委员会第三十次会议关于修改〈中华人民共和国劳动合同法〉的决定》修正）

目　录

第一章　总　则

第一条　为了完善劳动合同制度，明确劳动合同双方当事人的权利和义务，保护劳动者的合法权益，构建和发展和谐稳定的劳动关系，制定本法。

第二条 中华人民共和国境内的企业、个体经济组织、民办非企业单位等组织（以下称用人单位）与劳动者建立劳动关系，订立、履行、变更、解除或者终止劳动合同，适用本法。

国家机关、事业单位、社会团体和与其建立劳动关系的劳动者，订立、履行、变更、解除或者终止劳动合同，依照本法执行。

第三条 订立劳动合同，应当遵循合法、公平、平等自愿、协商一致、诚实信用的原则。

依法订立的劳动合同具有约束力，用人单位与劳动者应当履行劳动合同约定的义务。

第四条 用人单位应当依法建立和完善劳动规章制度，保障劳动者享有劳动权利、履行劳动义务。

用人单位在制定、修改或者决定有关劳动报酬、工作时间、休息休假、劳动安全卫生、保险福利、职工培训、劳动纪律以及劳动定额管理等直接涉及劳动者切身利益的规章制度或者重大事项时，应当经职工代表大会或者全体职工讨论，提出方案和意见，与工会或者职工代表平等协商确定。

在规章制度和重大事项决定实施过程中，工会或者职工认为不适当的，有权向用人单位提出，通过协商予以修改完善。

用人单位应当将直接涉及劳动者切身利益的规章制度和重大事项决定公示，或者告知劳动者。

第五条 县级以上人民政府劳动行政部门会同工会和企业方面代表，建立健全协调劳动关系三方机制，共同研究解决有关劳动关系的重大问题。

第六条 工会应当帮助、指导劳动者与用人单位依法订立和履行劳动合同，并与用人单位建立集体协商机制，维护劳动者的合法权益。

第二章 劳动合同的订立

第七条 用人单位自用工之日起即与劳动者建立劳动关系。用人单位应当建立职工名册备查。

第八条 用人单位招用劳动者时，应当如实告知劳动者工作内容、工作条件、工作地点、职业危害、安全生产状况、劳动报酬，以及劳动者要求了解的其他情况；用人单位有权了解劳动者与劳动合同直接相关的基本情况，劳动者应当如实说明。

第九条 用人单位招用劳动者，不得扣押劳动者的居民身份证和其他证件，不得要求劳动者提供担保或者以其他名义向劳动者收取财物。

第十条 建立劳动关系，应当订立书面劳动合同。

已建立劳动关系，未同时订立书面劳动合同的，应当自用工之日起一个月内订立书面劳动合同。

用人单位与劳动者在用工前订立劳动合同的，劳动关系自用工之日起建立。

第十一条 用人单位未在用工的同时订立书面劳动合同，与劳动者约定的劳动报酬不明确的，新招用的劳动者的劳动报酬按照集体合同规定的标准执行；没有集体合同或者集体合同未规定的，实行同工同酬。

第十二条 劳动合同分为固定期限劳动合同、无固定期限劳动合同和以完成一定工作任务为期限的劳动合同。

第十三条 固定期限劳动合同，是指用人单位与劳动者约定合同终止时间的劳动合同。

用人单位与劳动者协商一致，可以订立固定期限劳动合同。

第十四条 无固定期限劳动合同，是指用人单位与劳动者约定无确定终止时间的劳动合同。

用人单位与劳动者协商一致，可以订立无固定期限劳动合同。有下列情形之一，劳动者提出或者同意续订、订立劳动合同的，除劳动者提出订立固定期限劳动合同外，应当订立无固定期限劳动合同：

（一）劳动者在该用人单位连续工作满十年的；

（二）用人单位初次实行劳动合同制度或者国有企业改制重新订立劳动合同时，劳动者在该用人单位连续工作满十年且距法定退休年龄不足十年的；

（三）连续订立二次固定期限劳动合同，且劳动者没有本法第三十九条和第四十条第一项、第二项规定的情形，续订劳动合同的。

用人单位自用工之日起满一年不与劳动者订立书面劳动合同的，视为用人单位与劳动者已订立无固定期限劳动合同。

第十五条 以完成一定工作任务为期限的劳动合同，是指用人单位与劳动者约定以某项工作的完成为合同期限的劳动合同。

用人单位与劳动者协商一致，可以订立以完成一定工作任务为期限的劳动合同。

第十六条 劳动合同由用人单位与劳动者协商一致，并经用人单位与劳动者在劳动合同文本上签字或者盖章生效。

劳动合同文本由用人单位和劳动者各执一份。

第十七条 劳动合同应当具备以下条款：

（一）用人单位的名称、住所和法定代表人或者主要负责人；

（二）劳动者的姓名、住址和居民身份证或者其他有效身份证件号码；

（三）劳动合同期限；

（四）工作内容和工作地点；

（五）工作时间和休息休假；

（六）劳动报酬；

（七）社会保险；

（八）劳动保护、劳动条件和职业危害防护；

（九）法律、法规规定应当纳入劳动合同的其他事项。

劳动合同除前款规定的必备条款外，用人单位与劳动者可以约定试用期、培训、保守秘密、补充保险和福利待遇等其他事项。

第十八条 劳动合同对劳动报酬和劳动条件等标准约定不明确，引发争议的，用人单位与劳动者可以重新协商；协商不成的，适用集体合同规定；没有集体合同或者集体合同未规定劳动报酬的，实行同工同酬；没有集体合同或者集体合同未规定劳动条件等标准的，适用国家有关规定。

第十九条 劳动合同期限三个月以上不满一年的，试用期不得超过一个月；劳动合同期限一年以上不满三年的，试用期不得超过二个月；三年以上固定期限和无固定期限的劳动合同，试用期不得超过六个月。

同一用人单位与同一劳动者只能约定一次试用期。

以完成一定工作任务为期限的劳动合同或者劳动合同期限不满三个月的，不得约定试用期。

试用期包含在劳动合同期限内。劳动合同仅约定试用期的，试用期不成立，该期限为劳动合同期限。

第二十条 劳动者在试用期的工资不得低于本单位相同岗位最低档工资或者劳动合同约定工资的百分之八十，并不得低于用人单位所在地的最低工资标准。

第二十一条 在试用期中，除劳动者有本法第三十九条和第四十条第一项、第二项规定的情形外，用人单位不得解除劳动合同。用人单位在试用期解除劳动合同的，应当向劳动者说明理由。

第二十二条 用人单位为劳动者提供专项培训费用，对其进行专业技术培训的，可以与该劳动者订立协议，约定服务期。

劳动者违反服务期约定的，应当按照约定向用人单位支付违约金。违约金的数额不得超过用人单位提供的培训费用。用人单位要求劳动者支付的违约金不得超过服务期尚未履行部分所应分摊的培训费用。

用人单位与劳动者约定服务期的，不影响按照正常的工资调整机制提高劳动者在服务期期间的劳动报酬。

第二十三条 用人单位与劳动者可以在劳动合同中约定保守用人单位的商业秘密和与知识产权相关的保密事项。

对负有保密义务的劳动者，用人单位可以在劳动合同或者保密协议中与劳动者约定竞业限制条款，并约定在解除或者终止劳动合同后，在竞业限制期限内按月给予劳动者经济补偿。劳动者违反竞业限制约定的，应当按照约定向用人单位支付违约金。

第二十四条 竞业限制的人员限于用人单位的高级管理人员、高级技术人员和其他负有保密义务的人员。竞业限制的范围、地域、期限由用人单位与劳动者约定，竞业限制的约定不得违反法律、法规的规定。

在解除或者终止劳动合同后，前款规定的人员到与本单位生产或者经营同类产品、从事同类业务的有竞争关系的其他用人单位，或者自己开业生产或者经营同类产品、从事同类业务的竞业限制期限，不得超过二年。

第二十五条 除本法第二十二条和第二十三条规定的情形外，用人单位不得与劳动者约定由劳动者承担违约金。

第二十六条 下列劳动合同无效或者部分无效：

（一）以欺诈、胁迫的手段或者乘人之危，使对方在违背真实意思的情况下订立或者变更劳动合同的；

（二）用人单位免除自己的法定责任、排除劳动者权利的；

（三）违反法律、行政法规强制性规定的。

对劳动合同的无效或者部分无效有争议的，由劳动争议仲裁机构或者人民法院确认。

第二十七条 劳动合同部分无效，不影响其他部分效力的，其他部分仍然有效。

第二十八条 劳动合同被确认无效，劳动者已付出劳动的，用人单位应当向劳动者支付劳动报酬。劳动报酬的数额，参照本单位相同或者相近岗位劳动者的劳动报酬确定。

第三章 劳动合同的履行和变更

第二十九条 用人单位与劳动者应当按照劳动合同的约定，全面履行各自的义务。

第三十条 用人单位应当按照劳动合同约定和国家规定，向劳动者及时足额支付劳动报酬。

用人单位拖欠或者未足额支付劳动报酬的，劳动者可以依法向当地人民法院申请支付令，人民法院应当依法发出支付令。

第三十一条 用人单位应当严格执行劳动定额标准，不得强迫或者变相强迫劳动者加班。用人单位安排加班的，应当按照国家有关规定向劳动者支付加班费。

第三十二条 劳动者拒绝用人单位管理人员违章指挥、强令冒险作业的，不视为违反劳动合同。

劳动者对危害生命安全和身体健康的劳动条件，有权对用人单位提出批评、检举和控告。

第三十三条 用人单位变更名称、法定代表人、主要负责人或者投资人等事项，不影响劳动合同的履行。

第三十四条 用人单位发生合并或者分立等情况，原劳动合同继续有效，劳动合同由承继其权利和义务的用人单位继续履行。

第三十五条 用人单位与劳动者协商一致，可以变更劳动合同约定的内容。变更劳动合同，应当采用书面形式。

变更后的劳动合同文本由用人单位和劳动者各执一份。

第四章 劳动合同的解除和终止

第三十六条 用人单位与劳动者协商一致，可以解除劳动合同。

第三十七条 劳动者提前三十日以书面形式通知用人单位，可以解除劳动合同。劳动者在试用期内提前三日通知用人单位，可以解除劳动合同。

第三十八条 用人单位有下列情形之一的，劳动者可以解除劳动合同：

（一）未按照劳动合同约定提供劳动保护或者劳动条件的；

（二）未及时足额支付劳动报酬的；

（三）未依法为劳动者缴纳社会保险费的；

（四）用人单位的规章制度违反法律、法规的规定，损害劳动者权益的；

（五）因本法第二十六条第一款规定的情形致使劳动合同无效的；

（六）法律、行政法规规定劳动者可以解除劳动合同的其他情形。

用人单位以暴力、威胁或者非法限制人身自由的手段强迫劳动者劳动的，或者用人单位违章指挥、强令冒险作业危及劳动者人身安全的，劳动者可以立即解除劳动合同，不需事先告知用人单位。

第三十九条 劳动者有下列情形之一的，用人单位可以解除劳动合同：

（一）在试用期间被证明不符合录用条件的；

（二）严重违反用人单位的规章制度的；

（三）严重失职，营私舞弊，给用人单位造成重大损害的；

（四）劳动者同时与其他用人单位建立劳动关系，对完成本单位的工作任务造成严重影响，或者经用人单位提出，拒不改正的；

（五）因本法第二十六条第一款第一项规定的情形致使劳动合同无效的；

（六）被依法追究刑事责任的。

第四十条 有下列情形之一的，用人单位提前三十日以书面形式通知劳动者本人或者额外支付劳动者一个月工资后，可以解除劳动合同：

（一）劳动者患病或者非因工负伤，在规定的医疗期满后不能从事原工作，也不能从事由用人单位另行安排的工作的；

（二）劳动者不能胜任工作，经过培训或者调整工作岗位，仍不能胜任工作的；

（三）劳动合同订立时所依据的客观情况发生重大变化，致使劳动合同无法履行，经用人单位与劳动者协商，未能就变更劳动合同内容达成协议的。

第四十一条 有下列情形之一，需要裁减人员二十人以上或者裁减不足二十人但占企业职工总数百分之十以上的，用人单位提前三十日向工会或者全体职工说明情况，听取工会或者职工的意见后，裁减人员方案经向劳动行政部门报告，可以裁减人员：

（一）依照企业破产法规定进行重整的；

（二）生产经营发生严重困难的；

（三）企业转产、重大技术革新或者经营方式调整，经变更劳动合同后，仍需裁减人员的；

（四）其他因劳动合同订立时所依据的客观经济情况发生重大变化，致使劳动合同无法履行的。

裁减人员时，应当优先留用下列人员：

（一）与本单位订立较长期限的固定期限劳动合同的；

（二）与本单位订立无固定期限劳动合同的；

（三）家庭无其他就业人员，有需要扶养的老人或者未成年人的。

用人单位依照本条第一款规定裁减人员，在六个月内重新招用人员的，应当通知被裁减的人员，并在同等条件下优先招用被裁减的人员。

第四十二条 劳动者有下列情形之一的，用人单位不得依照本法第四十条、第四十一条的规定解除劳动合同：

（一）从事接触职业病危害作业的劳动者未进行离岗前职业健康检查，或者疑似职业病病人在诊断或者医学观察期间的；

（二）在本单位患职业病或者因工负伤并被确认丧失或者部分丧失劳动能力的；

（三）患病或者非因工负伤，在规定的医疗期内的；

（四）女职工在孕期、产期、哺乳期的；

（五）在本单位连续工作满十五年，且距法定退休年龄不足五年的；

（六）法律、行政法规规定的其他情形。

第四十三条 用人单位单方解除劳动合同，应当事先将理由通知工会。用人单位违反法律、行政法规规定或者劳动合同约定的，工会有权要求用人单位纠正。用人单位应当研究工会的意见，并将处理结果书面通知工会。

第四十四条 有下列情形之一的，劳动合同终止：

（一）劳动合同期满的；

（二）劳动者开始依法享受基本养老保险待遇的；

（三）劳动者死亡，或者被人民法院宣告死亡或者宣告失踪的；

（四）用人单位被依法宣告破产的；

（五）用人单位被吊销营业执照、责令关闭、撤销或者用人单位决定提前解散的；

（六）法律、行政法规规定的其他情形。

第四十五条 劳动合同期满，有本法第四十二条规定情形之一的，劳动合同应当续延至相应的情形消失时终止。但是，本法第四十二条第二项规定丧失或者部分丧失劳动能力劳动者的劳动合同的终止，按照国家有关工伤保险的规定执行。

第四十六条 有下列情形之一的，用人单位应当向劳动者支付经济补偿：

（一）劳动者依照本法第三十八条规定解除劳动合同的；

（二）用人单位依照本法第三十六条规定向劳动者提出解除劳动合同并与劳动者协商一致解除劳动合同的；

（三）用人单位依照本法第四十条规定解除劳动合同的；

（四）用人单位依照本法第四十一条第一款规定解除劳动合同的；

（五）除用人单位维持或者提高劳动合同约定条件续订劳动合同，劳动者不同意续订的情形外，依照本法第四十四条第一项规定终止固定期限劳动合同的；

（六）依照本法第四十四条第四项、第五项规定终止劳动合同的；

（七）法律、行政法规规定的其他情形。

第四十七条 经济补偿按劳动者在本单位工作的年限，每满一年支付一个月工资的标准向劳动者支付。六个月以上不满一年的，按一年计算；不满六个月的，向劳动者支付半个月工资的经济补偿。

劳动者月工资高于用人单位所在直辖市、设区的市级人民政府公布的本地区上年度职工月平均工资三倍的，向其支付经济补偿的标准按职工月平均工资三倍的数额支付，向其支付经济补偿的年限最高不超过十二年。

本条所称月工资是指劳动者在劳动合同解除或者终止前十二个月的平均工资。

第四十八条 用人单位违反本法规定解除或者终止劳动合同，劳动者要求继续履行劳动合同的，用人单位应当继续履行；劳动者不要求继续履行劳动合同或者劳动合同已经不能继续履行的，用人单位应当依照本法第八十七条规定支付赔偿金。

第四十九条　国家采取措施，建立健全劳动者社会保险关系跨地区转移接续制度。

第五十条　用人单位应当在解除或者终止劳动合同时出具解除或者终止劳动合同的证明，并在十五日内为劳动者办理档案和社会保险关系转移手续。

劳动者应当按照双方约定，办理工作交接。用人单位依照本法有关规定应当向劳动者支付经济补偿的，在办结工作交接时支付。

用人单位对已经解除或者终止的劳动合同的文本，至少保存二年备查。

第五章　特别规定

第一节　集体合同

第五十一条　企业职工一方与用人单位通过平等协商，可以就劳动报酬、工作时间、休息休假、劳动安全卫生、保险福利等事项订立集体合同。集体合同草案应当提交职工代表大会或者全体职工讨论通过。

集体合同由工会代表企业职工一方与用人单位订立；尚未建立工会的用人单位，由上级工会指导劳动者推举的代表与用人单位订立。

第五十二条　企业职工一方与用人单位可以订立劳动安全卫生、女职工权益保护、工资调整机制等专项集体合同。

第五十三条　在县级以下区域内，建筑业、采矿业、餐饮服务业等行业可以由工会与企业方面代表订立行业性集体合同，或者订立区域性集体合同。

第五十四条　集体合同订立后，应当报送劳动行政部门；劳动行政部门自收到集体合同文本之日起十五日内未提出异议的，集体合同即行生效。

依法订立的集体合同对用人单位和劳动者具有约束力。行业性、区域性集体合同对当地本行业、本区域的用人单位和劳动者具有约束力。

第五十五条　集体合同中劳动报酬和劳动条件等标准不得低于当地人民政府规定的最低标准；用人单位与劳动者订立的劳动合同中劳动报酬和劳动条件等标准不得低于集体合同规定的标准。

第五十六条　用人单位违反集体合同，侵犯职工劳动权益的，工会可以依法要求用人单位承担责任；因履行集体合同发生争议，经协商解决不成的，工会可以依法申请仲裁、提起诉讼。

第二节　劳务派遣

第五十七条　经营劳务派遣业务应当具备下列条件：

（一）注册资本不得少于人民币二百万元；

（二）有与开展业务相适应的固定的经营场所和设施；

（三）有符合法律、行政法规规定的劳务派遣管理制度；

（四）法律、行政法规规定的其他条件。

经营劳务派遣业务，应当向劳动行政部门依法申请行政许可；经许可的，依法办理相应的公司登记。未经许可，任何单位和个人不得经营劳务派遣业务。

第五十八条　劳务派遣单位是本法所称用人单位，应当履行用人单位对劳动者的义务。劳务派遣单位与被派遣劳动者订立的劳动合同，除应当载明本法第十七条规定的事项外，还应当载明被派遣劳动者的用工单位以及派遣期限、工作岗位等情况。

劳务派遣单位应当与被派遣劳动者订立二年以上的固定期限劳动合同，按月支付劳动报酬；被派遣劳动者在无工作期间，劳务派遣单位应当按照所在地人民政府规定的最低工资标准，向其按月支付报酬。

第五十九条　劳务派遣单位派遣劳动者应当与接受以劳务派遣形式用工的单位（以下称用工单位）订立劳务派遣协议。劳务派遣协议应当约定派遣岗位和人员数量、派遣期限、劳动报酬和社会保险费的数额与支付方式以及违反协议的责任。

用工单位应当根据工作岗位的实际需要与劳务派遣单位确定派遣期限，不得将连续用工期限分割订立数个短期劳务派遣协议。

第六十条　劳务派遣单位应当将劳务派遣协议的内容告知被派遣劳动者。

劳务派遣单位不得克扣用工单位按照劳务派遣协议支付给被派遣劳动者的劳动报酬。

劳务派遣单位和用工单位不得向被派遣劳动者收取费用。

第六十一条　劳务派遣单位跨地区派遣劳动者的，被派遣劳动者享有的劳动报酬和劳动条件，按照用工单位所在地的标准执行。

第六十二条　用工单位应当履行下列义务：

（一）执行国家劳动标准，提供相应的劳动条件和劳动保护；

（二）告知被派遣劳动者的工作要求和劳动报酬；

（三）支付加班费、绩效奖金，提供与工作岗位相关的福利待遇；

（四）对在岗被派遣劳动者进行工作岗位所必需的培训；

（五）连续用工的，实行正常的工资调整机制。

用工单位不得将被派遣劳动者再派遣到其他用人单位。

第六十三条　被派遣劳动者享有与用工单位的劳动者同工同酬的权利。用工单位应当按照同工同酬原则，对被派遣劳动者与本单位同类岗位的劳动者实行相同的劳动报酬分配办法。用工单位无同类岗位劳动者的，参照用工单位所在地相同或者相近岗位劳动者的劳动报酬确定。

劳务派遣单位与被派遣劳动者订立的劳动合同和与用工单位订立的劳务派遣协议，载明或者约定的向被派遣劳动者支付的劳动报酬应当符合前款规定。

第六十四条　被派遣劳动者有权在劳务派遣单位或者用工单位依法参加或者组织工会，维护自身的合法权益。

第六十五条　被派遣劳动者可以依照本法第三十六条、第三十八条的规定与劳务派遣单位解除劳动合同。

被派遣劳动者有本法第三十九条和第四十条第一项、第二项规定情形的，用工单位可以将劳动者退回劳务派遣单位，劳务派遣单位依照本法有关规定，可以与劳动者解除劳动合同。

第六十六条　劳动合同用工是我国的企业基本用工形式。劳务派遣用工是补充形式，只能在临时性、辅助性或者替代性的工作岗位上实施。

前款规定的临时性工作岗位是指存续时间不超过六个月的岗位；辅助性工作岗位是指为主营业务岗位提供服务的非主营业务岗位；替代性工作岗位是指用工单位的劳动者因脱产学习、休假等原因无法工作的一定期间内，可以由其他劳动者替代工作的岗位。

用工单位应当严格控制劳务派遣用工数量，不得超过其用工总量的一定比例，具体比例由国务院劳动行政部门规定。

第六十七条　用人单位不得设立劳务派遣单位向本单位或者所属单位派遣劳动者。

第三节　非全日制用工

第六十八条　非全日制用工，是指以小时计酬为主，劳动者在同一用人单位一般平均每日工作时间不超过四小时，每周工作时间累计不超过二十四小时的用工形式。

第六十九条 非全日制用工双方当事人可以订立口头协议。

从事非全日制用工的劳动者可以与一个或者一个以上用人单位订立劳动合同；但是，后订立的劳动合同不得影响先订立的劳动合同的履行。

第七十条 非全日制用工双方当事人不得约定试用期。

第七十一条 非全日制用工双方当事人任何一方都可以随时通知对方终止用工。终止用工，用人单位不向劳动者支付经济补偿。

第七十二条 非全日制用工小时计酬标准不得低于用人单位所在地人民政府规定的最低小时工资标准。

非全日制用工劳动报酬结算支付周期最长不得超过十五日。

第六章 监督检查

第七十三条 国务院劳动行政部门负责全国劳动合同制度实施的监督管理。

县级以上地方人民政府劳动行政部门负责本行政区域内劳动合同制度实施的监督管理。

县级以上各级人民政府劳动行政部门在劳动合同制度实施的监督管理工作中，应当听取工会、企业方面代表以及有关行业主管部门的意见。

第七十四条 县级以上地方人民政府劳动行政部门依法对下列实施劳动合同制度的情况进行监督检查：

（一）用人单位制定直接涉及劳动者切身利益的规章制度及其执行的情况；

（二）用人单位与劳动者订立和解除劳动合同的情况；

（三）劳务派遣单位和用工单位遵守劳务派遣有关规定的情况；

（四）用人单位遵守国家关于劳动者工作时间和休息休假规定的情况；

（五）用人单位支付劳动合同约定的劳动报酬和执行最低工资标准的情况；

（六）用人单位参加各项社会保险和缴纳社会保险费的情况；

（七）法律、法规规定的其他劳动监察事项。

第七十五条 县级以上地方人民政府劳动行政部门实施监督检查时，有权查阅与劳动合同、集体合同有关的材料，有权对劳动场所进行实地检查，用人单位和劳动者都应当如实提供有关情况和材料。

劳动行政部门的工作人员进行监督检查，应当出示证件，依法行使职权，文明执法。

第七十六条 县级以上人民政府建设、卫生、安全生产监督管理等有关主管部门在各自职责范围内，对用人单位执行劳动合同制度的情况进行监督管理。

第七十七条 劳动者合法权益受到侵害的，有权要求有关部门依法处理，或者依法申请仲裁、提起诉讼。

第七十八条 工会依法维护劳动者的合法权益，对用人单位履行劳动合同、集体合同的情况进行监督。用人单位违反劳动法律、法规和劳动合同、集体合同的，工会有权提出意见或者要求纠正；劳动者申请仲裁、提起诉讼的，工会依法给予支持和帮助。

第七十九条 任何组织或者个人对违反本法的行为都有权举报，县级以上人民政府劳动行政部门应当及时核实、处理，并对举报有功人员给予奖励。

第七章 法律责任

第八十条 用人单位直接涉及劳动者切身利益的规章制度违反法律、法规规定的，由劳动行政部门责令改正，给予警告；给劳动者造成损害的，应当承担赔偿责任。

第八十一条 用人单位提供的劳动合同文本未载明本法规定的劳动合同必备条款或者用人单位未将劳动合同文本交付劳动者的，由劳动行政部门责令改正；给劳动者造成损害的，应当承担赔偿责任。

第八十二条 用人单位自用工之日起超过一个月不满一年未与劳动者订立书面劳动合同的，应当向劳动者每月支付二倍的工资。

用人单位违反本法规定不与劳动者订立无固定期限劳动合同的，自应当订立无固定期限劳动合同之日起向劳动者每月支付二倍的工资。

第八十三条 用人单位违反本法规定与劳动者约定试用期的，由劳动行政部门责令改正；违法约定的试用期已经履行的，由用人单位以劳动者试用期满月工资为标准，按已经履行的超过法定试用期的期间向劳动者支付赔偿金。

第八十四条 用人单位违反本法规定，扣押劳动者居民身份证等证件的，由劳动行政部门责令限期退还劳动者本人，并依照有关法律规定给予处罚。

用人单位违反本法规定，以担保或者其他名义向劳动者收取财物的，由劳动行政部门责令限期退还劳动者本人，并以每人五百元以上二千元以下的标准处以罚款；给劳动者造成损害的，应当承担赔偿责任。

劳动者依法解除或者终止劳动合同，用人单位扣押劳动者档案或者其他物品的，依照前款规定处罚。

第八十五条 用人单位有下列情形之一的，由劳动行政部门责令限期支付劳动报酬、加班费或者经济补偿；劳动报酬低于当地最低工资标准的，应当支付其差额部分；逾期不支付的，责令用人单位按应付金额百分之五十以上百分之一百以下的标准向劳动者加付赔偿金：

（一）未按照劳动合同的约定或者国家规定及时足额支付劳动者劳动报酬的；

（二）低于当地最低工资标准支付劳动者工资的；

（三）安排加班不支付加班费的；

（四）解除或者终止劳动合同，未依照本法规定向劳动者支付经济补偿的。

第八十六条 劳动合同依照本法第二十六条规定被确认无效，给对方造成损害的，有过错的一方应当承担赔偿责任。

第八十七条 用人单位违反本法规定解除或者终止劳动合同的，应当依照本法第四十七条规定的经济补偿标准的二倍向劳动者支付赔偿金。

第八十八条 用人单位有下列情形之一的，依法给予行政处罚；构成犯罪的，依法追究刑事责任；给劳动者造成损害的，应当承担赔偿责任：

（一）以暴力、威胁或者非法限制人身自由的手段强迫劳动的；

（二）违章指挥或者强令冒险作业危及劳动者人身安全的；

（三）侮辱、体罚、殴打、非法搜查或者拘禁劳动者的；

（四）劳动条件恶劣、环境污染严重，给劳动者身心健康造成严重损害的。

第八十九条 用人单位违反本法规定未向劳动者出具解除或者终止劳动合同的书面证明，由劳动行政部门责令改正；给劳动者造成损害的，应当承担赔偿责任。

第九十条 劳动者违反本法规定解除劳动合同，或者违反劳动合同中约定的保密义务或者竞业限制，给用人单位造成损失的，应当承担赔偿责任。

第九十一条 用人单位招用与其他用人单位尚未解除或者终止劳动合同的劳动者，给其他用人单位造成损失的，应当承担连带赔偿责任。

第九十二条 违反本法规定，未经许可，擅自经营劳务派遣业务的，由劳动行政部门责令停止违法行为，没收违法所得，并处违法所得一倍以上五倍以下的罚款；没有违法所得的，可以处五万元以下的罚款。

劳务派遣单位、用工单位违反本法有关劳务派遣规定的，由劳动行政部门责令限期改正；逾期不改正的，以每人五千元以上一万元以下的标准处以罚款，对劳务派遣单位，吊销其劳务派遣业务经营许可证。用工单位给被派遣劳动者造成损害的，劳务派遣单位与用工单位承担连带赔偿责任。

第九十三条 对不具备合法经营资格的用人单位的违法犯罪行为，依法追究法律责任；劳动者已经付出劳动的，该单位或者其出资人应当依照本法有关规定向劳动者支付劳动报酬、经济补偿、赔偿金；给劳动者造成损害的，应当承担赔偿责任。

第九十四条 个人承包经营违反本法规定招用劳动者，给劳动者造成损害的，发包的组织与个人承包经营者承担连带赔偿责任。

第九十五条 劳动行政部门和其他有关主管部门及其工作人员玩忽职守、不履行法定职责，或者违法行使职权，给劳动者或者用人单位造成损害的，应当承担赔偿责任；对直接负责的主管人员和其他直接责任人员，依法给予行政处分；构成犯罪的，依法追究刑事责任。

第八章 附 则

第九十六条 事业单位与实行聘用制的工作人员订立、履行、变更、解除或者终止劳动合同，法律、行政法规或者国务院另有规定的，依照其规定；未作规定的，依照本法有关规定执行。

第九十七条 本法施行前已依法订立且在本法施行之日存续的劳动合同，继续履行；本法第十四条第二款第三项规定连续订立固定期限劳动合同的次数，自本法施行后续订固定期限劳动合同时开始计算。

本法施行前已建立劳动关系，尚未订立书面劳动合同的，应当自本法施行之日起一个月内订立。

本法施行之日存续的劳动合同在本法施行后解除或者终止，依照本法第四十六条规定应当支付经济补偿的，经济补偿年限自本法施行之日起计算；本法施行前按照当时有关规定，用人单位应当向劳动者支付经济补偿的，按照当时有关规定执行。

第九十八条 本法自2008年1月1日起施行。

最高人民法院关于审理劳动争议案件适用法律若干问题的解释（四）

（法释〔2013〕4号）

（2012年12月31日最高人民法院审判委员会第1566次会议通过）

为正确审理劳动争议案件，根据《中华人民共和国劳动法》《中华人民共和国劳动合同法》《中华人民共和国劳动争议调解仲裁法》《中华人民共和国民事诉讼法》等相关法律规定，结合民事审判实践，就适用法律的若干问题，作如下解释：

第一条 劳动人事争议仲裁委员会以无管辖权为由对劳动争议案件不予受理，当事人提起诉讼的，人民法院按照以下情形分别处理：

（一）经审查认为该劳动人事争议仲裁委员会对案件确无管辖权的，应当告知当事人向有管辖权的劳动人事争议仲裁委员会申请仲裁；

（二）经审查认为该劳动人事争议仲裁委员会有管辖权的，应当告知当事人申请仲裁，并将审查意见书面通知该劳动人事争议仲裁委员会，劳动人事争议仲裁委员会仍不受理，当事人就该劳动争议事项提起诉讼的，应予受理。

第二条 仲裁裁决的类型以仲裁裁决书确定为准。

仲裁裁决书未载明该裁决为终局裁决或非终局裁决，用人单位不服该仲裁裁决向基层人民法院提起诉讼的，应当按照以下情形分别处理：

（一）经审查认为该仲裁裁决为非终局裁决的，基层人民法院应予受理；

（二）经审查认为该仲裁裁决为终局裁决的，基层人民法院不予受理，但应告知用人单位可以自收到不予受理裁定书之日起三十日内向劳动人事争议仲裁委员会所在地的中级人民法院申请撤销该仲裁裁决；已经受理的，裁定驳回起诉。

第三条 中级人民法院审理用人单位申请撤销终局裁决的案件，应当组成合议庭开庭审理。经过阅卷、调查和询问当事人，对没有新的事实、证据或者理由，合议庭认为不需要开庭审理的，可以不开庭审理。

中级人民法院可以组织双方当事人调解。达成调解协议的，可以制作调解书。一方当事人逾期不履行调解协议的，另一方可以申请人民法院强制执行。

第四条 当事人在人民调解委员会主持下仅就给付义务达成的调解协议，双方认为有必要的，可以共同向人民调解委员会所在地的基层人民法院申请司法确认。

第五条 劳动者非因本人原因从原用人单位被安排到新用人单位工作，原用人单位未支付经济补偿，劳动者依照劳动合同法第三十八条规定与新用人单位解除劳动合同，或者新用人单位向劳动者提出解除、终止劳动合同，在计算支付经济补偿或赔偿金的工作年限时，劳动者请求把在原用人单位的工作年限合并计算为新用人单位工作年限的，人民法院应予支持。

用人单位符合下列情形之一的，应当认定属于“劳动者非因本人原因从原用人单位被安排到新用人单位工作”：

（一）劳动者仍在原工作场所、工作岗位工作，劳动合同主体由原用人单位变更为新用人单位；

（二）用人单位以组织委派或任命形式对劳动者进行工作调动；

（三）因用人单位合并、分立等原因导致劳动者工作调动；

（四）用人单位及其关联企业与劳动者轮流订立劳动合同；

（五）其他合理情形。

第六条 当事人在劳动合同或者保密协议中约定了竞业限制，但未约定解除或者终止劳动合同后给予劳动者经济补偿，劳动者履行了竞业限制义务，要求用人单位按照劳动者在劳动合同解除或者终止前十二个月平均工资的30%按月支付经济补偿的，人民法院应予支持。

前款规定的月平均工资的30%低于劳动合同履行地最低工资标准的，按照劳动合同履行地最低工资标准支付。

第七条 当事人在劳动合同或者保密协议中约定了竞业限制和经济补偿，当事人解除劳动合同时，除另有约定外，用人单位要求劳动者履行竞业限制义务，或者劳动者履行了竞业限制义务后要求用人单位支付经济补偿的，人民法院应予支持。

第八条 当事人在劳动合同或者保密协议中约定了竞业限制和经济补

偿，劳动合同解除或者终止后，因用人单位的原因导致三个月未支付经济补偿，劳动者请求解除竞业限制约定的，人民法院应予支持。

第九条　在竞业限制期限内，用人单位请求解除竞业限制协议时，人民法院应予支持。

在解除竞业限制协议时，劳动者请求用人单位额外支付劳动者三个月的竞业限制经济补偿的，人民法院应予支持。

第十条　劳动者违反竞业限制约定，向用人单位支付违约金后，用人单位要求劳动者按照约定继续履行竞业限制义务的，人民法院应予支持。

第十一条　变更劳动合同未采用书面形式，但已经实际履行了口头变更的劳动合同超过一个月，且变更后的劳动合同内容不违反法律、行政法规、国家政策以及公序良俗，当事人以未采用书面形式为由主张劳动合同变更无效的，人民法院不予支持。

第十二条　建立了工会组织的用人单位解除劳动合同符合劳动合同法第三十九条、第四十条规定，但未按照劳动合同法第四十三条规定事先通知工会，劳动者以用人单位违法解除劳动合同为由请求用人单位支付赔偿金的，人民法院应予支持，但起诉前用人单位已经补正有关程序的除外。

第十三条　劳动合同法施行后，因用人单位经营期限届满不再继续经营导致劳动合同不能继续履行，劳动者请求用人单位支付经济补偿的，人民法院应予支持。

第十四条　外国人、无国籍人未依法取得就业证件即与中国境内的用人单位签订劳动合同，以及香港特别行政区、澳门特别行政区和台湾地区居民未依法取得就业证件即与内地用人单位签订劳动合同，当事人请求确认与用人单位存在劳动关系的，人民法院不予支持。

持有《外国专家证》并取得《外国专家来华工作许可证》的外国人，与中国境内的用人单位建立用工关系的，可以认定为劳动关系。

第十五条　本解释施行前本院颁布的有关司法解释与本解释抵触的，自本解释施行之日起不再适用。

本解释施行后尚未终审的劳动争议纠纷案件，适用本解释；本解释施行前已经终审，当事人申请再审或者按照审判监督程序决定再审的，不适用本解释。

劳动部关于企业实施股份制和股份合作制改革中履行劳动合同问题的通知

（劳部发〔1998〕34号）

各省、自治区、直辖市及计划单列市、新疆生产建设兵团和副省级省会城市劳动（劳动人事）厅（局），国务院有关部委、直属机构，解放军总后勤部生产管理部：

当前，在企业实施股份制和股份合作制改造过程中，一些企业出现了未经与劳动者协商，违反劳动法律法规擅自单方变更劳动合同或把解除劳动关系作为强制职工入股的手段等问题，对劳动关系的和谐稳定带来了一定影响。为维护劳动者的合法权益，保障企业改革的顺利进行，现就企业实施股份制和股份合作制改造过程中履行劳动合同问题通知如下：

一、在企业实施股份制或股份合作制改造后，用人单位主体发生变化后，应当由变化后的用工主体继续与职工履行原劳动合同。由于企业改制导致原劳动合同不能履行的，企业与职工应当依法变更劳动合同。

二、在企业实施股份制或股份合作制改革过程中，与职工经协商确定不能就变更劳动合同达到一致意见的，可以按照《劳动法》第二十六条（三）项的规定办理。

三、按照国家体改委《关于发展城市股份合作制企业的指导意见》（体改字〔1997〕96号）以及国家有关企业改革的精神，实施股份合作制的企业，在职工投资入股方面，鼓励职工在自愿的基础上人人投资入股，允许少数职工不入股。因此，在股份合作制改造中，企业不得强迫职工入股，不得因职工不入股而降低劳动报酬、停发工资或硬性安排下岗，更不得以此为由解除与职工的劳动关系。

四、在企业实施股份制和股份合作制改革过程中，凡涉及职工切身利益的劳动关系重大问题，如集体变更或解除劳动关系等，要发挥职工代表大会的民主管理、民主监督作用，保持劳动关系的和谐稳定。

五、各级劳动行政部门要加强对企业实施股份制和股份合作制改革过程中履行劳动合同情况的监督检查。对一些企业存在的因职工未入股影响劳动合同履行的行为，劳动部门应及时予以纠正。

六、对因职工入股问题影响劳动合同履行引起的劳动争议，应当按照国家有关劳动争议的规定办理。

一九九八年一月二十六日